Desenvolvimento
HUMANO

EDITORA AFILIADA

Conselho Editorial de Educação:
José Cerchi Fusari
Marcos Antonio Lorieri
Marli André
Pedro Goergen
Terezinha Azerêdo Rios
Valdemar Sguissardi
Vitor Henrique Paro

Dados Internacionais de Catalogação na Publicação (CIP)
(Câmara Brasileira do Livro, SP, Brasil)

Gouvêa, Maria Cristina Soares
  Desenvolvimento humano : história, conceitos e polêmicas /
Maria Cristina Soares Gouvêa, Carlos Henrique Souza Gerken. -- São
Paulo : Cortez, 2010.

  Bibliografia.
  ISBN 978-85-249-1656-4

  1. Desenvolvimento humano 2. Educação - História 3. Educação
infantil 4. Infância 5. Psicologia do desenvolvimento 6. Psicologia
educacional I. Gerken, Carlos Henrique Souza. II. Título.

10-09720	CDD-370.15

Índices para catálogo sistemático:
1. Educação e infância : Psicologia do desenvolvimento   370.15

Maria Cristina Soares Gouvêa
Carlos Henrique de Souza Gerken

Desenvolvimento
HUMANO

história, conceitos e polêmicas

DESENVOLVIMENTO HUMANO: HISTÓRIA, CONCEITOS E POLÊMICAS
Maria Cristina Soares Gouvêa e Carlos Henrique Souza Gerken

Capa: DAC
Preparação de originais: Liege Marucci
Revisão: Maria de Lourdes de Almeida
Composição: Linea Editora Ltda.
Coordenação editorial: Danilo A. Q. Morales

Nenhuma parte desta obra pode ser reproduzida ou duplicada sem autorização expressa dos autores e do editor.

© 2010 by Autores

Direitos para esta edição
CORTEZ EDITORA
Rua Monte Alegre, 1074 – Perdizes
05014-001 – São Paulo – SP
Tel.: (11) 3864-0111   Fax: (11) 3864-4290
E-mail: cortez@cortezeditora.com.br
www.cortezeditora.com.br

Impresso no Brasil – outubro de 2010

Sumário

Agradecimentos 9

PREFÁCIO: Boas vindas a um texto que estava faltando
Marcos Cezar de Freitas 11

INTRODUÇÃO: Século XIX: a ciência triunfante 15

   1 O evolucionismo como doutrina 23

   2 A biologização do mundo.. 34

   3 A evolução e os processos de desenvolvimento humano
      na perspectiva de Herbert Spencer 57

   4 Estudos monográficos: a produção de um dicionário
      biográfico da criança 71

   5 O saber estatístico e o estudo dos processos de
      desenvolvimento humano... 87

   6 Baldwin e a afirmação da ciência psicogenética...................... 105

CONCLUSÃO: diálogos com o presente 115

BIBLIOGRAFIA 121

*À Bá, por tudo o que foi, fez ser e
legou no decorrer de um século.*

Agradecimentos

A escrita deste livro, cujo projeto iniciou em 2004, no desenvolvimento do pós-doutorado, envolveu não apenas um tempo que se alargou bem mais do que o previsto, mas também mobilizou consultas e diálogos que tornaram a obra possível.

Agradecemos especialmente a Marcos Cesar de Freitas, que com seu convite à escrita criou condições para que tal projeto tomasse forma. Se a admiração pela competência acadêmica já marcava nossa relação, a esta foi acrescida a admiração pelo exercício da humanidade que pauta sua conduta.

Cabe agradecer especialmente a alguns interlocutores, que com sua disponibilidade e generosidade trouxeram reflexões e questionamentos, sugeriram leituras, enfim, exercitaram aquilo que deveria ser o móvel da vida acadêmica: a troca de ideias, superando fronteiras disciplinares:

A Regina Helena Campos, colega generosamente sempre pronta a incentivar o desenvolvimento do projeto, dispondo seu conhecimento, sugerindo textos e deixando outros nos escaninhos, os quais sinalizaram caminhos fundamentais.

A Nilma Lino Gomes, Ana Maria Gomes, Bernardo Jéferson Oliveira, amigos de sempre, que com sua sagacidade e sintonia na leitura da História das Ciências, Antropologia e Relações raciais, marcaram o trajeto da obra.

A Rogério Fernandes e Manuel Sarmento, companheiros lusitanos, que com seus preciosos diálogos e sugestões incentivaram o desenvolvimento da pesquisa.

A José Francisco Soares, Sérgio Danilo Pena e Regina Horta, colegas que, com base em sua excelência acadêmica em áreas distantes de nossa competência, contribuíram dispondo de seu tão precioso tempo em diálogos muito enriquecedores.

Aos colegas e amigos do Grupo de Estudos e Pesquisas em História da Educação (GEPHE) e da UFMG, pelo aprendizado propiciado pelo exercício da troca.

À Capes, pela concessão da bolsa de pós-doutorado que originou este projeto; ao CNPq, pelo apoio através da bolsa de produtividade em pesquisa e do programa do edital universal, à Fundação de Amparo à Pesquisa de Minas Gerais (Fapemig), pelo auxílio do Programa de Pesquisador Mineiro (PPM). Tal apoio permitiu visitas a bibliotecas, importação de livros não acessíveis no Brasil e participação em eventos, viabilizando a escrita desta obra.

Ao Portal de Periódicos da Capes, ao Google Books, à biblioteca da Universidade de Lisboa e do Instituto da Criança da Universidade do Minho, à biblioteca da Universidade de São Paulo e da Universidade Federal de Minas Gerais, espaços concretos e virtuais de consulta sem os quais este livro jamais teria sido escrito.

Aos queridos com quem partilhamos a vida, equilibrando-nos entre as exigências e pressões da academia, dividindo conosco sua riqueza intelectual e o prazer de mundos outros.

Prefácio

Boas-vindas a um texto que estava faltando

Este é um livro importante, bem escrito, instigante, fruto de séria pesquisa e, sem dúvida, expressão de um ponto de vista que, a meu ver, precisa circular intensamente entre os que se ocupam com os temas educação e infância.

Eu o vi pronto, bem antes de estar escrito.

Tive a feliz oportunidade de "ouvir este livro" na cidade de Curitiba, em 2008, quando a professora Maria Cristina Soares Gouveia manejando palavras e imagens com muita lucidez, concatenava uma ordenação histórica que permitia a todos os muitos e atentos ouvintes perceber linhagens argumentativas que, vistas no tabuleiro da história, ganhavam um preciso tom de desvelamento.

Sua falava desvelava momentos inaugurais; fundações ideativas e aquilo que é essencial no campo da circulação de ideias: o jogo jogado quando a novidade é projetada como verdade e quando "a verdade" é representada como definitiva.

Conservo na memória exatamente o que pensei na ocasião e rabisquei naqueles bloquinhos que ganhamos nos congressos.

Considerava, então, o quanto a pesquisa no âmbito da história da educação tinha se beneficiado anteriormente da "desnaturalização" pela qual a palavra escola havia passado nos últimos vinte anos à medida que os estudos históricos e sociológicos sobre educação impregnaram-se de chaves hermenêuticas próprias como "cultura escolar" e, principalmente, como "forma escolar".

O distanciamento em relação às perspectivas que tomavam a escola como ente natural, pronto desde todo o sempre e expressão onisciente da educação quando materializada em ato, conduziu inúmeros investigadores ao campo do específico, do singular, do configurado.

Esse acréscimo qualitativo na capacidade de investigar ofereceu condições epistemológicas renovadas para que se pudesse empreender o esforço necessário para visualizar processos que não ocasionalmente, tampouco evolutivamente, tinham cristalizado a educação na forma escolar, estabelecendo o reino da sincronia: território em que todas as individualidades juntas dissolvem-se nas cadeias ritualísticas da comparação.

Da comparação temos muito ainda o que estudar e escrever.

Concluía, então, que o tema do "desenvolvimento humano", pai e filho das cadeias sincrônicas que indicam o que a criança foi, o que é e o que será havia oferecido àquela investigadora que palestrava com a delicadeza dos sábios a oportunidade de explicar aos estudiosos da infância os processos que historicamente institucionalizaram tanto a produção quanto a recepção de um aspecto do conhecimento científico que, décadas mais tarde, tornar-se-ia quase a própria razão de ser da educação escolar: operar por intermédio dos ritos de seriação e acumulação progressiva a ordenação entre intelecto, corpo e saberes sancionados.

Efetivava-se o convite para que os estudiosos dos temas infância e educação retirassem do processo de desenvolvimento da biologia um elemento crítico que fosse capaz de fazer com que o conceito de desenvolvimento sofresse o mesmo escrutínio histórico que o conceito de escola sofreu. Retirava-se do repertório da naturalização e do evolucionismo a recepção naturalizadora e igualmente evolucionista que circula habitualmente sem grandes impedimentos.

A mim restava, então, a obrigação (moral e afetiva) de empreender esforços para que aquele rico trabalho pudesse circular na forma de livro;

cumpria zelar para que outros pudessem compartilhar daquele instante ao efetivamente esclarecedor.

Maria Cristina aceitou tomar de seu florete e partiu para a esgrima contra o tempo e contra o circuito de afazeres inacabáveis em que nós, os professores, nos encontramos.

Prometeu-me o livro e realizou-o com a simplicidade das margaridas no canteiro: não precisa mais, não precisa menos.

Trouxe para o seu bordado Carlos Henrique Souza Gerken e, no conjunto, o texto traz ao campo da educação uma bem-sucedida síntese da afirmação da perspectiva epistêmica evolucionista que arrastou para dentro de si toda geografia analítica dos fenômenos naturais, sociais e humanos.

Os processos psíquicos humanos em suas singularidades não mais seriam achados noutro lugar que não fosse em sua gênese, no ponto de arranque do desenvolvimento do indivíduo, ele mesmo expressão de analogia da assim chamada evolução da espécie.

Mas se é de desnaturalização que estamos falando, pode-se assegurar ao leitor que as inflexões e deslocamentos ocorridos no âmbito das redefinições do campo científico e das fronteiras disciplinares comparecerão a essa trama. Não há risco de que encontrar o desenvolvimento aqui reificado na lógica evolucionista.

Os autores lembram, com precisão, que "de um lado (foi) preciso colocar a criança, sua linguagem, seu pensamento, numa ordem que terminasse no adulto; por outro, (foi) preciso colocar em ordem os processos patológicos e os normais, a idiotia e as doenças mentais, a cegueira e a surdez, na expectativa de que estes estudos pudessem revelar, por negação, as características do desenvolvimento normal, (foi) preciso ainda estabelecer vínculos causais entre o homem primitivo e o homem civilizado".

O substrato histórico da comparação, coração e alma do desenvolvimento enquanto paradigma tem heróis fundadores, mas tem também homens perplexos diante dos imbróglios que o próprio domínio da razão enfrentaria desde a entrada em cena do argumento darwiniano, em 1857.

A análise prosseguiu até mostrar porque o chamado determinismo biológico e a emergência do conceito de raça, assim como aspectos da estatística, da antropologia e da psicologia estavam a demandar intervenção analítica de quem está no campo da educação, de quem sabe como tudo isso tem sido recepcionado inúmeras vezes sem crivos de qualquer espécie.

Como afirmei ao início desta apresentação, este é um livro importante. Temos que aprender com ele.

Marcos Cezar de Freitas
Universidade Federal de São Paulo

Introdução

Século XIX: a ciência triunfante

O século XIX constitui um período extremamente fértil para analisar o percurso de institucionalização da produção e recepção do conhecimento científico. Foi ao longo dos oitocentos que, nas sociedades ocidentais, consolida-se a singularidade e, mais exatamente, a representação da superioridade desse modo de conhecimento. Como analisam Schinn e Ragouet (2008), torna-se absoluta uma perspectiva que entende que a ciência seria não somente epistemologicamente distinta em seus modos de apreensão da realidade, como também superior aos outros modos de cognição.

Obviamente a ciência moderna não inicia aí; tem sua origem numa tradição anterior de produções de autores emblemáticos que constituíram um novo olhar sobre a natureza e a sociedade. Porém, é ao longo do século XIX que a ciência normatiza e coroa seu processo de institucionalização, inserida em espaços específicos, desenvolvida por uma comunidade restrita que faz uso de procedimentos próprios e singulares de investigação, aprendidos por mecanismos de formação também institucionalizados e ritualizados. Para Hobsbawm (1998, p. 340), a visão da ciência seria caracterizada naquele período por "uma imagem do universo como um edifício inacabado, mas cujo término ainda não tardaria muito, edifício baseado nos fatos ligados entre si por firmes andaimes de causas determinando efeitos e pelas 'leis da natureza' e construídos com as ferramentas confiáveis da razão e do método científico".

Tomando de empréstimo a noção de campo de Bourdieu, é neste momento que o campo científico consolida sua autonomia, campo entendido como um mundo social que obedece a leis sociais mais ou menos específicas (Bourdieu, 2004). Bourdieu ressalta que tal autonomia é parcial. No caso do campo científico, a afirmação de uma "ciência pura", entendida como a produção de um conhecimento "desinteressado" por autores dotados de notável capacidade de uso da racionalidade científica na apreensão do mundo, mostra-se evidentemente ingênua. Entre os campos específicos e o macrocosmo se define uma relação. Relação, porém, não determinística, como supõe a perspectiva marxista. O sociólogo apreende-a como mediatizada pela lógica do campo, mediação entendida como a "capacidade de refratar, retraduzindo sob uma forma específica as pressões ou demandas externas" (Bourdieu, 2004, p. 22).

A historicização do conceito de campo permite-nos apreender o contexto de desenvolvimento científico no decorrer do século XIX, quando não apenas se configura, a partir do notável desenvolvimento da Biologia, uma perspectiva naturalística de apreensão dos mais distintos fenômenos, como também se dá a diferenciação entre diversos domínios do conhecimento, originando as ciências da Psicologia, da Sociologia e da Antropologia. É na tensão entre a diferenciação e especialização dos saberes e afirmação de uma perspectiva epistêmica transversal inspirada nas descobertas da Biologia que o movimento do campo científico, naquele período histórico, pode ser apreendido, especialmente na análise do nascimento das Ciências Humanas e Sociais.

Tais ciências afirmaram-se como disciplinas diferenciadas em meados do século XIX e início do século XX. Em termos muito amplos, pode-se dizer que buscaram responder à necessidade de explicar, de um lado, a complexidade dos problemas colocados pela sociedade industrial, os conflitos produzidos pela vida nas cidades, as contradições geradas pela divisão do trabalho nas fábricas, pelas contínuas e maciças emigrações do campo para as cidades. Por outro lado, buscaram apreender os processos de transformação das sociedades e de seu transcurso na história,

DESENVOLVIMENTO HUMANO

colocados pela presença dos povos primitivos no cenário europeu (ou mais exatamente do europeu nos países submetidos às práticas colonialistas e imperialistas), intensificados pelo aumento dos testemunhos de viajantes, missionários e comerciantes. Por fim, necessitavam compreender os problemas postos pela experiência subjetiva, marcando o surgimento da chamada Psicologia Científica.

Não é nosso objeto, na escrita desta obra, tratar dos processos de constituição dessas disciplinas (especialmente da Psicologia Científica), aspecto já por demais abordado e competentemente analisados por historiadores do campo. Interessa-nos interrogar sobre a emergência de uma área de estudos particular ao longo do século XIX: a que trata do desenvolvimento humano. Se, ao longo do século XX, tal área configurou-se uma disciplina autônoma, nomeada Psicologia do Desenvolvimento, Psicologia Evolutiva ou Psicologia Genética, a produção científica sobre o tema antecede sua institucionalização, ou mesmo a institucionalização da própria Psicologia.

A produção sobre o tema, ao longo do século XIX, foi incrementada e tomada objeto de análise científica com base na afirmação de uma perspectiva epistêmica evolucionista na análise dos fenômenos naturais, sociais e humanos. Assim é que apreender a singularidade dos processos psíquicos humanos significava analisá-los em sua gênese, ou seja, ao longo do desenvolvimento do indivíduo, entendido como análogo ao da evolução da espécie. Se tal perspectiva atravessa os oitocentos e consolida-se ao longo do século XX, cabe considerar que, no decorrer do século XIX, experimentou movimentos de inflexão e deslocamento no interior de processos mais amplos de redefinição do campo científico e demarcação das fronteiras disciplinares. Foi na relação com os campos disciplinares dotados de maior legitimidade científica que tal conhecimento foi produzido.

Obviamente, como bem precisou Foucault (1987), as relações de saber entre os diferentes campos eram (como ainda são), atravessadas por relações de poder, em que a afirmação da cientificidade de determinado corpo de conhecimento sustentava-se no diálogo com as ciências dotadas de maior legitimidade à época: a Física e, mais notadamente, a Biologia, que indicavam os conceitos a partir dos quais seria possível apreender os processos de desenvolvimento humano bem como as ferramentas metodológicas de investigação. Foi o conceito de evolução acionado pela ciência biológica (mais precisamente a embriologia e o evolucionismo de Spencer)[1] que informou os estudos iniciais sobre o desenvolvimento humano. A visão evolutiva, por sua vez, aliava-se a uma perspectiva relacional que fornecesse parâmetros comparativos de análise e, por fim, cujo estudo estivesse alicerçado em procedimentos investigativos objetivos e numericamente aferíveis.

William James, no seu *Principles of Psychology* (1903), descreve este empreendimento teórico como um processo de construção que precisava articular uma série de fenômenos biológicos, sociais e históricos sobre os quais não havia plano constituído. O clima de indefinição teórica e de busca de pontos de partida para a construção de uma abordagem do desenvolvimento humano assume tons paroxísticos no discurso de William James. Cabia aos teóricos buscar princípios ordenadores capazes de relacionar todos os fatos que pareciam envolvidos com o processo de desenvolvimento humano.

De um lado, era preciso colocar a criança, sua linguagem, seu pensamento, numa ordem que terminasse no adulto; por outro, era preciso colocar em ordem os processos patológicos e os normais, a idiotia[2] e as doenças mentais, a cegueira e a surdez, na expectativa de que esses estudos revelassem, por negação, as características do desenvolvimento normal. Era preciso, ainda, estabelecer vínculos causais entre o homem primitivo e o homem civilizado.

Os modelos de explicação deveriam relacionar esses pontos distintos da equação (a criança, o idiota e o primitivo). Teria o comportamento da criança semelhanças com o do homem primitivo? Em que medida as disfunções no comportamento do idiota revelariam a persistência de

---

1. Embora não fosse biólogo, Spencer foi responsável pela difusão de uma leitura própria da teoria de Darwin que se mostrou dominante naquele período histórico.

2. O termo *idiotia* naquele período, referia-se à deficiência mental, entendida como um processo degenerativo.

traços do homem primitivo e da criança? Havia uma crença compartilhada pela maioria dos cientistas de que somente a realização de estudos comparativos evidenciaria parâmetros de similaridades e diferenças capazes de ordenar o caos que William James explicita.

O triunfo da Física e principalmente a Biologia indicavam a propriedade do recurso aos conceitos e instrumentos teórico-metodológicos das ciências físico-naturais para a abordagem desses problemas, sendo tais disciplinas tomadas como ordenadoras. A ideia de natureza, construída pela Física newtoniana, compunha um cenário de leis permanentes que se tornaram parâmetros da cientificidade. Os elementos trazidos da teoria da evolução de Darwin indicavam inserir o ser humano na ordem da natureza e compará-lo a seus irmãos mais próximos na escala evolutiva. Por fim, trabalhos realizados no campo da medicina, psiquiatria e antropometria indicavam a comparação do suposto "homem normal" com os desviantes (idiotas, dementes e psicopatas).

Por outro lado, contatos persistentes com os povos primitivos, que se intensificaram no século XIX, colocavam o desafio de compreender não apenas como viviam e pensavam, mas de explicar, fundado numa lógica etnocêntrica (mais precisamente, eurocêntrica), como as culturas poderiam transformar-se e evoluir até chegar às sociedades complexas ocidentais europeia e norte-americana. E o contrário, explicar por que muitas sociedades tradicionais, cuja origem se perdia no tempo, permaneciam com níveis considerados primários de domínio tecnológico da natureza e de organização societária. Tal investimento científico deu-se articulado a um projeto político-econômico: o colonialismo e o imperialismo, conferindo sustentação científica aos processos de dominação dos países europeus sobre as demais culturas e nações.

A realização de uma leitura naturalística dos fenômenos relacionados ao ser humano (evolução psicológica, social e histórica) indicava a necessidade de articulá-los no interior do mesmo quadro explicativo. Nesse sentido é que emergem as conhecidas leis de recapitulação, de paralelismo ou de repetição, em diferentes níveis de organização biológica e cultural, que marcaram as principais produções sobre o desenvolvimento humano deste período.

Se o esforço da ciência representava um projeto de ordenação do mundo (bem como de intervenção), submetendo-o ao domínio da razão, é preciso acrescentar que o período em que inscreveremos nosso diálogo é um tempo de crise da racionalidade. Darwin, com a publicação de *A origem das espécies*, em 1857, havia posto o homem ao lado dos seres vivos. Desse ponto em diante, era preciso reconsiderar os postulados fundamentalistas que regiam o senso comum, os quais afirmavam a essência divina e racional do homem. Se o evolucionismo caracteriza as primeiras abordagens, o campo que pretendemos delimitar é uma tentativa de recompor a ordem e de dar outras respostas aos problemas cruciais vividos pela sociedade. Faz parte, como afirma Hobsbawm (1978), de sua ideologia mais disseminada e da ciência que o reafirmou.

Com a construção do que Sinha (1988) chamou de "complexo filo-cultural", a mentalidade da criança foi comparada explicitamente com a mentalidade dos povos primitivos, não europeus: a descoberta da mentalidade infantil como objeto de pesquisa científica foi mais ou menos simultânea e correlata ao postulado de uma "mente selvagem", e ambas foram vistas como manifestações de uma categoria mais geral de "mentalidade primitiva" (p. 78).

O olhar evolutivo e a perspectiva etnocêntrica de análise das demais culturas eram atravessados por um conceito-chave que se inscreveria nos diferentes domínios das ciências humanas: o conceito de raça. Afirma-se especialmente na segunda metade do século uma racialização na apreensão da relação entre as sociedades, culturas e indivíduos que tomava o conceito explicativo das diferenças como desigualdades consideradas determinísticas das possibilidades evolutivas dos distintos grupos sociais. O chamado determinismo biológico marcaria de forma indelével a produção científica do período.

Entender como se configurou o campo científico ao longo dos oitocentos implica considerar o lugar singular que assumiu naquele período histórico. A centralidade do conhecimento científico, a visão de um saber triunfante, capaz de produzir a verdade sobre os mais diferentes fenômenos, redundou no chamado cientificismo, em que a defesa da ciência como única fonte de conhecimento legítimo resultou na negação de qualquer forma de saber que não fosse exposto em termos científicos, bem como na crença de que qualquer conhecimento formulado nesses termos seria epistemologicamente verdadeiro.

Tal ocorreu especialmente na segunda metade do século XIX, a partir da rápida e fulgurante ascenção da teoria darwinista, que estenderia suas possibilidades explicativas muito além das fronteiras demarcadas pelo autor, no interior da ciência biológica e alargou seus domínios para as ciências humanas e as práticas sociais. À ciência caberia não apenas explicar os fenômenos naturais e sociais, mas intervir no real, submetendo-o a racionalidade científica.

A perspectiva cientificista fez renovar também a filosofia política. Se o liberalismo constituía a visão dominante explicativa da organização socioeconômica capitalista florescente na primeira metade dos oitocentos, na sua segunda metade a argumentação liberal desloca-se. Conjugou-se um novo modelo de liberalismo, denominado liberalismo científico, em que a ciência conferiria sustentação, ancorada no darwinismo social, às políticas de governabilidade das populações, segundo as quais o mundo social era aprendido como análogo ao mundo biológico, caracterizado pela luta pela sobrevivência, em que venceriam os mais aptos.

O sucesso de Spencer, expressão maior de tal perspectiva, atesta a visão triunfante da ciência na defesa de um modelo socioeconômico em que o Estado deveria minimamente regular as tensões entre grupos sociais e indivíduos na defesa de seus interesses, estes submetidos à lei do mais forte, a verdadeira reguladora da vida social. O darwinismo social iria impor-se não apenas como perspectiva de análise das relações entre os grupamentos humanos, mas assumiria o papel de tecnologia de governo das populações, marcando aquele período histórico e inscrevendo uma tradição no interior do campo científico que se estenderia ao longo do século XX. À medida que seriam capazes de não apenas explicar o mundo social, mas também de regulá-lo, as ciências humanas adquiriram autonomia e legitimidade inéditas.

Esse quadro apenas esboçado em seus traços gerais será tema deste livro, em seus distintos aspectos, buscando-se analisar centralmente como os conceitos de evolução e de raça mostram-se fulcrais na apreensão da emergência dos estudos sobre o desenvolvimento humano.

Assim é que, se o tema indica uma problemática inscrita no campo da Psicologia, a abordagem tem em vista uma perspectiva multidisciplinar de análise, segundo a qual o estudo da trajetória de constituição deste campo de estudos só pode ser apreensível no interior da produção histórica de discursos em que as fronteiras científicas não estavam claramente delimitadas e em que o trânsito entre diferentes campos do conhecimento marcava a produção de saberes sobre os mais distintos fenômenos: físicos, naturais, sociais e psíquicos.

Nesse sentido, buscamos na escrita deste livro situar a produção científica sobre os processos de desenvolvimento humano apresentando as permanências e deslocamentos nos referenciais analíticos, resgatando os conceitos que sustentavam tal produção, no diálogo com outros campos de produção científica, notadamente a Biologia, a Antropologia e a Estatística.

Esse será o ambiente intelectual no qual as ideias dos autores discutidas ao longo desta obra ganharão sentido.

Resta deixar claro que as breves incursões realizadas no campo da Biologia, da Estatística e da Antropologia terão como horizonte imediato a necessidade de pontuar questões centrais para encadeamento do diálogo com a Psicologia. Nesse sentido, justifica-se o necessário reducionismo com o qual serão abordados autores, cuja amplitude e complexidade mereceriam a realização de leituras mais verticalizadas.

Apesar de estarmos conscientes dos limites conceituais que demarcaram o alcance de nossa leitura, não nos esquivamos da necessidade de estender e transpor as barreiras de competência definidas pelas rígidas divisões entre saberes especializados que restringem os horizontes temáticos a espaços cada vez mais restritos do saber, deixando escapar a necessidade de articulação de domínios do conhecimento que não podem perder a dimensão da totalidade, sob pena de se perderem na especialização e fragmentação do conhecimento.

1
O evolucionismo como doutrina

O grande defeito dos europeus consiste em sempre filosofarem sobre a origem das coisas baseando-se no que se passa à sua volta [...] Quando se quer estudar os homens, é preciso olhar em torno de si, mas, importa que a vista alcance mais longe; impõe-se começando a observar as diferenças, para descobrir as propriedades.

Rousseau

O conceito de evolução, ou melhor dizendo, os conceitos de evolução tais como tomaram forma ao longo do século XIX relacionam-se a uma longa transformação histórica na representação ocidental do tempo. De uma acepção que o entendia como cíclico, definido pelas mudanças da natureza, construiu-se na modernidade uma nova visão, como um *continuum* evolutivo em direção ao progresso. Para Le Goff (2000), a ideia de progresso, como se manifestou na história, caracterizou o século XIX nas sociedades ocidentais, em que foi apreendido como indissociável da evolução. Segundo o autor, até o século XVI, tal concepção não se apresentava. Na verdade, a ideia de progresso já existia, mas na representação deste pensador não era considerado intrinsicamente positivo nem associado à evolução social e humana.

A representação positiva do progresso, na visão de Le Goff, associou-se ao desenvolvimento da ciência e da técnica. "Na origem de todas as acelerações da ideologia do progresso há um salto das ciências e das técnicas." Os avanços característicos do século XVI, como a criação da imprensa, o nascimento da ciência moderna, levaram à construção de uma nova concepção de tempo entendido como evolutivo e relacionado a um aprimoramento do conhecimento e do saber: "é a experiência do progresso que leva a acreditar nele, enquanto a sua estagnação é geralmente seguida de uma crise de progresso" (Le Goff, 2000, p. 196).

Pode-se situar, na produção iluminista do século XVIII, a gênese da concepção de progresso dos oitocentos, que conformou o que Herman (2001) define como "um dos poderosos mitos culturais do pensamento ocidental". Para os enciclopedistas, a crença no progresso era sua base de fé. Especialmente em Condorcet se conforma a representação de que o progresso no conhecimento seria a causa do progresso social, concepção nova que floresceria no século XIX.

> Como sempre, o que opera esta concepção e a faz desenvolver são os progressos científicos e técnicos, os sucessos da Revolução Industrial, a melhoria, pelo menos para as elites ocidentais, do conforto e do bem-estar e da segurança, mas também os progressos do liberalismo, da alfabetização, da instrução e da democracia (Le Goff, 2000, p. 212).

Verifica-se, dessa forma, a crescente ampliação da representação positivada de progresso, atrelada aos inequívocos avanços técnico-científicos para outros domínios humanos. Assim é que se estabeleceu uma associação, característica do século XIX, entre progresso científico e progresso moral. Cabe destacar a centralidade do conceito de moral na cultura europeia desse período histórico, como observou Peter Gay (2003). É ao longo dos oitocentos que afirma-se que o desenvolvimento técnico científico, próprio das nações europeias, traria como consequência o desenvolvimento moral, compreendido como capacidade de exercício do autocontrole, característico do indivíduo civilizado (Elias, 1994).

Um dos aspectos definidores do ideário do progresso no século XIX é sua articulação com o conceito de civilização, em que ambas noções se plasmaram na configuração de um modelo etapista de desenvolvimento histórico. Para Guizot, a ideia de progresso e civilização seriam inseparáveis. Construiu-se um modelo linear e universal de evolução das diferentes sociedades humanas, cujo ápice seria o nível alcançado pelas sociedades ocidentais europeias, as quais se tornaram sinônimo de civilização. À medida que o homem, na teoria evolucionista, era compreendido como parte de uma totalidade maior definida pelas mesmas leis da evolução, configura-se com maior clareza a ideia de uma lei geral do progresso (ambição maior de Spencer), a governar as espécies, as sociedades, as raças e os indivíduos.

Observa-se, desse modo, uma distinção em relação à concepção de progresso característica do século XVIII. Para os iluministas, fruto de uma *natureza humana* idêntica, haveria um padrão universal e regular a reger as mais distintas sociedades humanas que as definiria por uma complexidade crescente nos processos históricos. Assim é que o Barão D, Holbach afirmava: "o homem selvagem e o civilizado, o branco, o negro e o vermelho [...] todos possuem a mesma natureza. As diferenças são apenas modificações dessa natureza comum causadas pelo clima, governo, educação, opiniões e várias causas que nelas atuavam (apud Herman, 2001, p. 33).

Já no século XIX, constrói-se a representação de que os processos históricos experimentados nas sociedades ocidentais levariam à constituição de uma ordem sociocultural diferenciada, afirmando-se como civilizada, em oposição às demais sociedades.

Mas o que caracterizaria a civilização? Tal conceito apresentava dimensões culturais, econômicas, cognitivas e "psicológicas" (ou morais, para usar o termo da época). No que se refere às dimensões culturais, a civilização era apreendida como refinamento dos costumes e valorização da polidez. Assim é que civilizar, no dicionário da Academia de 1798, em sua 5ª edição, é definido como palavra "empregada para exprimir a ação de civilizar ou a tendência de um povo a polir ou, antes, a corrigir seus costumes e seus usos produzindo na sociedade civil uma moralidade luminosa, ativa, afetuosa e abundante em boas obras. (Cada cidadão da Europa está hoje empenhado nesse último combate da civilização. Civilização dos costumes)" (apud Starobinski, 2001, p. 12.) Associa-se, nesta definição, a centralidade do refinamento dos costumes e a valorização da polidez a uma perspectiva etnocêntrica (e mais ainda eurocêntrica), que tomava os costumes e os padrões culturais europeus como sinônimos de costumes civilizados.

Essa dimensão cultural, centrada na valorização das maneiras e costumes europeus, desdobrava-se numa dimensão "psicológica". A polidez, mais que uma questão de "boas maneiras", refletia a natureza racional e moral do homem civilizado, sua capacidade de autogoverno por meio do controle e regulação das emoções.

Por outro lado, em termos cognitivos, o homem civilizado era compreendido como o que buscava o conhecimento pela compreensão racional das ações da natureza, no que se definiu uma forma particular de saber e prática social: a ciência.

Por fim, o conceito de civilização faz referência não apenas aos aspectos culturais e psicológicos, mas à organização econômica das sociedades europeias, em que o florescimento do comércio aliou-se ao desenvolvimento da indústria. A moderna sociedade civil era, acima de tudo, uma sociedade mercantil (Herman, 2001). Ferguson, aluno de Adam Smith propunha um modelo evolutivo de quatro estágios das sociedades humanas, em função de sua atividade econômica: selvagens (vivendo da caça e coleta), pastores nômades, agricultores sedentarizados, nações industriais e comerciantes.

Tais padrões foram historicamente tomados como modelos que referenciariam as análises sobre os demais povos e sociedades. Nas palavras de John Henry Newman, autor da época: "a civilização europeia é tão brilhante em seu caráter, tão majestosa em sua extensão, tão imponente em sua existência e tão incomparável que justificava adotar o título da 'sociedade humana' e sua civilização, o termo abstrato civilização" (1854, apud Herman, 2001, p. 45). Ou seja, caracteristicamente no século XIX o conceito de civilização tornou-se associado à civilização europeia apenas, configurando no dizer de Elias, "a consciência que o Ocidente tem de si mesmo" (Elias, 1994).

Tomada como valor, a civilização torna-se critério capaz de julgar a não civilização e a barbárie (Starobinski, 2001). Essa teria expressão não apenas nos demais povos, mas também nas camadas populares das sociedades europeias, tidas como incivilizadas, tomando-se como padrão os costumes e valores dos extratos médios europeus do século XIX. O economista Jeffrey escrevia em 1803 (apud Herman, 2001, p. 32): "Os costumes sensatos, sóbrios, polidos e diligentes das classes médias formam a vanguarda do adiantamento moral, econômico e social da civilização, que verte para as demais camadas da sociedade". À educação e à política colonial caberia corrigir os vícios e polir o comportamento das populações pobres e dos selvagens, universalizando os padrões das camadas superiores europeias.

O terceiro termo dessa relação era o conceito de evolução, central na concepção de mundo do século XIX e que catalizaria estes demais elementos — civilização e progresso —, estendendo seu significado aos mais distintos objetos de conhecimento e campos científicos.

Para Foucault, constrói-se, na modernidade, a concepção de um "tempo evolutivo", um tempo social que se expressa também nas técnicas administrativas e econômicas que manifestavam: "um tempo de tipo serial, orientado e cumulativo: descoberta de uma evolução em termos de progresso" (1986, p. 45). Nesse tempo evolutivo, a criança constituiria o momento de gênese e a intervenção no seu processo de desenvolvimento a garantia de progresso individual. "Progresso das sociedades, gênese dos indivíduos, essas duas grandes descobertas do século XVIII são talvez correlatas das novas técnicas de poder e, mais precisamente, de uma nova maneira de gerir o tempo torná-lo útil, por recorte segmentar, por seriação, por síntese e totalização" (Foucault, 1986, p. 45).

Historicamente, o termo evolução foi associado à teoria darwinista, como se a teoria da seleção das espécies pudesse ser aplicada não apenas à compreensão dos fenômenos naturais, mas também ser estendida aos fenômenos humanos e sociais. O termo evolução, afirmado como sinônimo da teoria darwinista, articulou e aglutinou todo o amálgama científico referido à representação de progresso. Como afirma Hobsbawm (1988), a teoria darwinista causou sensação, não tanto porque o conceito de evolução fosse novo — era conhecido havia décadas —, mas antes porque constituía a primeira explicação satisfatória das origens das espécies.

Tal conceito opunha-se à visão ainda presente no século XVIII de uma estabilização e imobilidade nas distintas formas vivas num mundo estático. Ao contrário, no século XIX impõe-se a visão de uma natureza em constante movimento e transformação, visão que se estenderia aos fenômenos humanos e sociais.

Para Gould (2003), o conceito teria transformado o pensamento humano ao longo do século XIX: "nenhuma outra ideia teria sido até então objeto de um uso e abuso tão generalizado".

O conceito de evolução torna-se definidor de tais processos de mudança, o desenrolar progressivo de transformações em direção às formas mais complexas que caracterizariam os fenômenos e organismos naturais e sociais. Dessa forma, o conceito atravessaria os mais distintos campos do conhecimento.

O uso do termo "evolução" fez-se presente em vários autores ao definir os processos de mudança como dirigidos a uma maior complexidade. Antes de Darwin, seu avô, Erasmo, escreveu a respeito do assunto ainda ao final do século XVIII. Porém, a partir da apropriação da teoria darwinista, evolução assumiu caráter cientificamente legitimado e alargado, à revelia das objeções do autor. Na verdade, este termo esteve presente numa única frase de *A origem das espécies* (Ingold, 2000). Se, sem dúvida, a teoria da seleção natural funda-se numa concepção de evolução das formas vivas, o termo não apenas é anterior a Darwin, mas também foi tomado como princípio geral, algo que o biólogo refutava.

Segundo Gould (2006), Darwin evitava usar o termo evolução para descrever sua teoria por duas razões. Por um lado, tal termo, no campo biológico, referia-se no século XVIII à teoria embriológica preformista, incompatível com sua visão do desenvolvimento orgânico.[3] Porém assumiu, à época de Darwin, sentido diferenciado.

Nele estava explícito o aparecimento em sucessão ordenada, de uma longa série de eventos e corporificava um conceito de desenvolvimento progres-

---

3. Por incrível que pareça o termo evolução, até o século XVIII, referia-se à teoria do biólogo alemão Von Haller que supunha que os embriões cresciam de homúnculos pré-formados, contidos no ovo ou no esperma, sendo designada teoria da evolução ou pré-formação (Gould, 2006).

sivo — um desdobramento ordenado do mais simples para o mais complexo [...] portanto no vernáculo, evolução era uma palavra firmemente ligada ao conceito de progresso (Gould, 2006, p. 26).

Assim é que, se Darwin recusava o uso do termo por seu significado técnico no campo da Biologia, associado à teoria preformista, por outro rejeitava a associação semântica entre evolução e progresso. Para o biólogo, se uma ameba estava tão bem adaptada a seu meio ambiente quanto os seres humanos, não seria possível supor que nossa espécie fosse superior (Gould, 2006).

Foi Spencer que, em sua leitura e divulgação da teoria darwinista, atribuiu à palavra evolução o mesmo sentido da expressão utilizada por Darwin: "descendência com modificação" (Gould, 2006). Embora o biólogo rejeitasse essa apropriação, sua visão ficou à sombra da leitura de Spencer.[4] Com Spencer, autor amplamente difundido no século XIX, o termo evolução tornou-se plasmado à ideia de progresso, como se tal perspectiva estivesse presente em Darwin.

Portanto, cabe analisar o ideal evolucionista no interior de um campo de forças em que a apropriação da Biologia, respaldada na hegemonia alcançada, advinda de seus avanços, constituiria a referência privilegiada para os estudos dos mais diferentes temas. A unidade que perpassava os diversos campos do conhecimento do período era o estudo da evolução da vida, em suas múltiplas manifestações. Tal concepção sustentaria, no campo da Antropologia, o evolucionismo cultural de Tylor; na Sociologia, o modelo spenceriano e o positivista de Comte; na História, o historicismo de Rancke; e na Psicologia, a psicogenia.

Ribot, um dos principais autores da nascente ciência da Psicologia, destacou a importância do referencial evolucionista nos distintos campos científicos da época:

A ideia de progresso, de evolução ou de desenvolvimento, que se tornou preponderante nos nossos dias em todas as áreas que tem como objeto uma

---

4. A análise da obra de Spencer, especialmente seus estudos sobre desenvolvimento humano e evolução serão tratados mais detidamente no próximo capítulo.

realidade viva, foi seguida pelo duplo estudo das ciências sociais e da história. As ideias escolásticas sobre a imutabilidade das formas de vida e sobre a uniformidade das épocas da história deram lugar a uma concepção contrária. A doutrina do velho Heráclito voltou, mas comandada pela experiência de vinte séculos, tudo corre, tudo muda. Fisiologia, linguística, história, literatura, artes, tudo depõe em favor do desenvolvimento" (Ribot, 1901 apud Mueller, 2001, p. 7).

No campo das ciências sociais, em termos muito amplos, pode-se dizer que a perspectiva evolucionista surgiu como necessidade de explicar os processos de transformação das sociedades e de seu transcurso na história, postos pelas relações estabelecidas pela política imperialista. De outro, pela necessidade de compreender os problemas postos pela experiência subjetiva, entre os quais se colocava as leis do desenvolvimento humano.

Do mesmo modo que o darwinismo tornou-se referência para a construção das explicações no campo da Biologia, o evolucionismo transformou-se em parâmetro para pensar a evolução da sociedade, respondendo às preocupações centrais das Ciências Humanas nascentes, em suas especulações sobre o desenvolvimento evolutivo na cultura humana, sugerindo que esta passava por uma longa série de desenvolvimentos desde a cultura primitiva até a forma mais suprema de civilização, ou seja, a cultura europeia do século XIX (Van der Veer, 1997).

De acordo com Gellner (1980, p. 20), "o evolucionismo era mais do que uma simples teoria: era uma teodiceia, uma visão moral, um sucedâneo da religião, em que a noção não se limitava a explicar, conferia ao mundo um sentido moral e uma ordem". Com base em tal visão das coisas, era inevitável que os povos arcaicos "primitivos" adquirissem interesse muito especial, já não como curiosidade, mas como prova de nosso passado evolucionário.

Spencer foi um dos primeiros a coletar e sistematizar um grande corpo de informações de viajantes e missionários sobre os costumes, crenças, folclore para mostrar que seria necessário aplicar o esquema evolucionista a fim de compreender os processos de transformação do pensamento do ser humano (Jahoda, 1999, p. 78, 90, 135, 139; Tulviste, 1991, p. 12).

Posteriormente, Sir Eduard Tylor (1832-1917) examinou a literatura acerca de quase 350 povos diferentes, estudando suas regras de casamento e descendência. Tylor é considerado "pai da ciência antropológica" e expressão maior do evolucionismo cultural, tendo forjado a primeira definição formal de cultura, na sua obra *Primitive Culture: Researches into the Development of Mythology, Philosophy, Religion, Language, Arts, and Custom*, publicada em 1871. Em sua definição: "cultura ou civilização, tomada em seu mais amplo sentido etnográfico, é aquele todo complexo que inclui conhecimento, crença moral, arte, lei, costume e quaisquer outras capacidades e hábitos adquiridos pelo homem na condição de membro da sociedade" (Tylor, 1871/2005, p. 69).

Cabe observar que os termos cultura e civilização são tomados como sinônimos, em que se alia à visão de que a capacidade de produzir cultura unificaria os distintos povos a perspectiva evolucionista, segundo a qual a cultura, usada sempre pelo autor no singular, seria essencialmente hierarquizada em estágios (Castro, 2005).

No entanto, o que nos interessa resgatar de seus postulados é a busca das evidências de uma natureza humana idêntica a si mesma, que poderia ser reconhecida pela recorrência, ou co-ocorrência, de rituais similares, dos mesmos mitos e processos de organização familiar, que só poderiam ser construídos mediante a presença dos mesmos mecanismos constitutivas da natureza da cultura e do psiquismo humano.

O processamento das informações seria idêntico, definido pelas leis básicas da associação. O evolucionismo de Tylor integrava, num mesmo movimento, as noções de evolução biológica e de progresso intelectual e evolução social, características da evolução da espécie humana.

Para Tylor, "por um lado a uniformidade que tão largamente permeia entre as civilizações pode ser atribuída, em grande parte, a uma uniformidade de ação de causas uniformes, enquanto, por outro lado, seus vários graus podem ser considerados como estágios do desenvolvimento ou evolução [...] a história da humanidade é parte e parcela da história da natureza, nossos pensamentos e ações estão de acordo com leis equivalentes àquelas que governam os ventos e as ondas, a combinação dos ácidos e das bases e o crescimento das plantas e animais" (1871/2005, p. 69).

Desse modo, construiu-se um modelo linear e universal de evolução das diferentes sociedades humanas, cujo ápice seria o nível alcançado pelas sociedades ocidentais europeias, as quais tornavam-se sinônimos de civilização. À medida que o homem, na teoria evolucionista, era compreendido como parte de uma totalidade maior, definida pelas mesmas leis da evolução, configura-se com maior clareza a ideia de uma lei geral do progresso (ambição maior de Spencer), a governar as espécies, as sociedades, as raças e os indivíduos.

Os autores do evolucionismo cultural dialogavam com as descobertas da Biologia, partindo do princípio de que os mesmos mecanismos evolutivos atuariam na natureza, sociedade e cultura. Assim é que, na construção do conceito de evolução cultural, dialogavam diretamente com os postulados da teoria da recapitulação de Haeckel,[5] a qual forneceria as chaves para o estudo da evolução das culturas e do indivíduo. Estabeleceu-se um paralelismo na análise do desenvolvimento das sociedades e dos indivíduos, tomados no interior do mesmo quadro explicativo.

Nas palavras de Frazer, outra importante referência do evolucionismo cultural na Antropologia:

> [...] um selvagem está para um homem civilizado assim como uma criança está para um adulto; e exatamente como o crescimento gradual da inteligência de uma criança corresponde ao crescimento gradual da inteligência da espécie e, num certo sentido a recapitula, assim também um estudo da sociedade selvagem em vários estágios da evolução permite-nos seguir aproximadamente o caminho que os ancestrais das raças mais elevadas devem ter trilhado em seu progresso ascendente, através da bárbarie até a civilização (2005, p. 107-108).

No campo dos estudos sobre desenvolvimento humano, as primeiras produções tiveram como característica situar-se no campo da Biologia mais do que no da Psicologia, esta identificada com a Psicologia experimental e que teve desenvolvimento diferenciado nesse período histórico.

---

5. A teoria de Haeckel será desenvolvida no Capítulo 2.

Para Cairns (1998, p. 23), "o diálogo de tais autores (das investigações sobre ontogênese) dá-se com o campo da biologia e, mais caracteristicamente, com a teoria evolucionista e os trabalhos da embriologia. A psicologia nascente, definida como psicologia experimental, tinha outra trajetória, fundada na realização de pesquisas empíricas sobre os fenômenos psíquicos".

O estudo dos mecanismos ontogenéticos humanos constituiu uma trajetória própria, com organizações científicas e revistas acadêmicas específicas, que iriam se encontrar com a chamada psicologia científica, apenas ao final do século XIX e primeiros anos do século XX.

Compreender o deslocamento dos campos de estudo e dos referenciais teóricos de apreensão dos processos desenvolvimento humano, entendidos como progressivos e relacionados aos mecanismos históricos de evolução cultural das distintas sociedades será objeto dos próximos capítulos.

2
A biologização do mundo

> *Que a raça decida de tudo nos negócios humanos é simplesmente um fato, o fato mais notável, mais geral que a filosofia jamais anunciou. A raça é tudo: a literatura, a ciência, a arte — numa palavra, a civilização dela depende.*
>
> Robert Knox (1850)[1]

Estudos voltados para análise da produção científica sobre os processos de desenvolvimento humano ao longo do século XIX demonstram que a Biologia se constituiu a principal referência da área, fornecendo os parâmetros para apreensão dos processos de mudança do indivíduo, do nascimento à idade adulta, entendidos como processos evolutivos. Sem dúvida, faz-se central a ideia de que os processos de desenvolvimento individual seriam definidos por transformações evolutivas desde a precariedade dos mecanismos adaptativos da criança pequena ao ápice das formas de interação com o ambiente característico da idade adulta nos mais variados estudos do período.

Cabe destacar que o desenvolvimento e o aprimoramento da inteligência — função mental que alicerçaria o exercício da razão — constitui-

---

[1]. In: *The races of men*: a philosophical enquiry into the influence of race over the destines of nation (apud Poliakov, 1974, p. 216).

ria o parâmetro de análise de tais processos, definindo a diferença fundamental entre infância e idade adulta.

Por outro lado, no desenvolvimento de uma ciência que se compreendia comparativa e no diálogo com a Antropologia da época, o processo de desenvolvimento da inteligência e a capacidade do exercício da razão seriam entendidos como análogos na evolução do indivíduo e da sociedade (ou sociedades).

Em geral, os trabalhos que buscam historicizar a gênese dos estudos sobre o desenvolvimento humano conferem centralidade à influência de Darwin, que teria fornecido referenciais teóricos para tal produção, especialmente na formulação do conceito de evolução, que seria idêntico no desenvolvimento ontogenético do ser humano e das demais espécies (Ottavi, 2004).

Na verdade, a ideia de evolução não tem em Darwin a única expressão no século XIX, como apontado anteriormente. Para Charlesworth (1992 apud Cairns, 1998), a influência da teoria darwiniana teria sido superestimada na construção dos estudos ontogenéticos, em função de sua importância e legitimidade à época. Constituiu-se historicamente uma apropriação do conceito de evolução do século XIX, como se este fosse essencialmente tributário da obra de Darwin.

Ao lado do conceito de evolução, a ideia de raça, tal como significava no período, fez-se central na construção dos estudos sobre o desenvolvimento humano. A partir de uma abordagem que hoje (com risco de certo anacronismo) se definiria por multidisciplinar, o estudo das *diferenças* raciais, apreendidas como *desigualdades* raciais, fez-se presente, no campo da Sociologia, da Psicologia e principalmente no da nascente Antropologia, com base em uma leitura biologizante.

Podem-se salientar duas matrizes de estudo no campo da Biologia que informaram os estudos sobre o processo de desenvolvimento do indivíduo. Por um lado, as teorias raciais, fundadas na oposição entre monogenismo e poligenismo. Por outro, as teorias embriológicas, fundadas nos estudos epigenéticos de Von Baer e na teoria da recapitulação de Haeckel.

Monogenismo e poligenismo

As teorias raciais não eram produto da Biologia do século XIX, mas expressavam tradições presentes anteriormente e que adquiriram novo significado sob impacto do evolucionismo. A partir dos contatos com outras culturas propiciados pelas navegações e pela colonização iniciada com o século XVI, uma questão afirmava-se na interpretação das significativas diferenças entre os grupamentos humanos: seriam tais grupos representantes de uma mesma espécie ou as distintas raças constituiriam expressão de espécies diferenciadas?

Tal debate envolvia não apenas uma questão conceitual, mas também se aliava às políticas colonialistas, em que a afirmação de uma distinção biológica entre a raça branca europeia e outras, como a negra africana e as indígenas australianas, justificava as práticas escravocratas e colonialistas. Conformava-se a tensão entre duas posições opostas, em que o conceito de raça assumia papel central, conceito este forjado no campo da Biologia, mas que informou o nascimento da Antropologia.

Na verdade, tal questão foi tema não apenas do discurso colonial, mas da polêmica religiosa. A Igreja debatia-se entre a negação e a afirmação da posse da alma por indígenas e africanos. Apenas com a publicação da Bula Papal, de 1587, que defendia que todos homens seriam iguais perante Deus, foi selada uma posição oficial no interior da Igreja Católica.

Isso, no entanto, não fez diminuir a polêmica. Entre os filósofos iluministas, em que a afirmação da razão como condição do conhecimento convivia com o debate acerca da universalidade de sua posse, Montesquieu discutiu as diferenças culturais na obra *Os canibais* (1758). Nela, ao discorrer sobre as práticas guerreiras entre os tupinambás e os chamados civilizados, o filósofo chegou a defender que aqueles recorriam à guerra de forma mais racional e humana que os europeus. Por outro lado, após tal exercício de relativismo cultural, arremata o texto com a seguinte questão: "tudo isso é em verdade interessante, mas por que diabos essa gente não usa calças?" (apud Schwarcz, 1996, p. 152).

Com o desenvolvimento da Biologia ao longo dos séculos XVIII e XIX, tal reflexão foi tornada objeto de produção por essa disciplina.

Nesse sentido, o conceito de raça foi constantemente problematizado com base em uma perspectiva taxonômica que buscava caracterizar, classificar e hierarquizar as diferentes raças humanas, tomadas como espécies distintas.

Barbujani (2007) considera o estudo intitulado: *Nouvelle division de l'aterre par lês differents especies ou races qui l'habitant*, publicado em 1684 por François Bernier,[2] a primeira lista de raças de que se tem notícia. Porém, foi com a publicação do *Systema naturae*, de Lineu, em 1793 que "[...] nasce a sistemática científica moderna. Ao longo de treze edições, Lineu constrói um catálogo geral das espécies viventes, animais e vegetais e funda uma nova ciência, a taxonomia" (2007, p. 65). A grande originalidade de Lineu consistiu não apenas na empreitada classificatória, mas na inclusão, pela primeira vez, da espécie humana no reino animal.

Para Barbujani não havia, à época, significado exato para a palavra raça, embora a ideia de que existiriam subespécies humanas fosse clara. Em sua obra, Lineu define a existência de seis raças humanas ou variedades, como as denominou: americana, europeia, asiática, africana, selvagem e monstruosa. Com exceção dos selvagens e monstruosos (assim chamados os que apresentassem malformações congênitas), as demais quatro raças eram classificadas pela cor da pele e por critérios "psicológicos". "Os indígenas americanos são descritos como teimosos, livres e guiados pelas tradições. Os asiáticos são melancólicos, pérfidos e guiados pelas opiniões. Os africanos são negligentes, passivos e guiados pelo impulso. Os europeus são inteligentes, inventivos e guiados pelas leis" (Barbujani, 2007, p. 66). Faz-se presente na classificação do autor uma perspectiva poligenista que se afirmaria dominante na primeira metade do século XIX.[3]

A perspectiva etnocêntrica do autor, predominante nos meios científicos europeus, principalmente ao longo do século XIX, sustentou as

---

2. Esta obra foi escrita não por um cientista, mas por um viajante que propôs e existência de quatro raças humanas.

3. Ao referir-se à raça negra, assim comentava Lineu: "seria difícil alguém persuadir-se de que eles saíram da mesma origem (que a raça branca" (1789 apud Poliakov, 1974, p. 137).

dezenas de estudos taxonômicos posteriores. Não só a produção científica sobre a diversidade racial viu-se incrementada, mas também a polêmica em torno da existência de uma afiliação comum guiou os mais diferentes estudos.

Considerando, como apontado anteriormente, os significativos avanços técnico-científicos, em sua política colonialista imperial, os povos europeus compreendiam-se como a raça civilizada, em ruptura com o grau de desenvolvimento alcançado por outros povos e nações, que evidenciavam, segundo eles, a inferioridade de seu estágio civilizatório. Assim é que a capacidade de outras culturas afirmarem-se civilizadas foi tematizada agora à luz de uma Biologia evolucionista, em que o conceito de raça assumiu centralidade. Como afirma Schwarcz (1993, p. 165), "começava a se montar um discurso bastante particular por parte da ciência, em relação à velha questão da diferença".

Tomava corpo um debate que opunha, na ciência biológica, dois grupos distintos. No estudo dos grupos humanos ditos não civilizados, a grande questão era: a variedade das raças humanas representava uma espécie única, descendente de um ancestral comum, ou seria indicativa de uma separação definida por ancestrais diferenciados? Opunha-se, portanto, uma visão *monogenista*, fundada na defesa da mesma raiz genética para todos os grupos/raças e a visão *poligenista*, defensora da ideia de que os distintos grupos/raças teriam origens genéticas diferenciadas, configurando espécies distintas.

Os defensores da primeira opção, até a primeira metade do século XIX, ancoravam sua perspectiva nas interpretações da Bíblia e na defesa dos pressupostos igualitários da Revolução Francesa. Grande parte de seus argumentos fundamentava-se no discurso religioso. Assim é que Camper, em 1757, comentava: "Resolvi tratar desta matéria interessante para lançar luz, se possível, sobre esta verdade cristã, segundo a qual, no começo do mundo, Deus criou um único homem — que foi Adão —, a quem devemos nossa origem, seja quais forem os traços da face e da cor da pele que nos distingam" (apud Poliakov, 1974, p. 138).

Os monogenistas defendiam a perspectiva de uma única humanidade que tomava forma na expressão com a qual sintetizavam sua visão da espécie humana: *ab une sanguine*,[4] ou *one blood*, acreditando não haver uma barreira intransponível entre os diferentes grupos sociorraciais, mas apenas uma desigualdade nos distintos processos civilizatórios.

Diante das diferenciações dos processos históricos experimentados pelas culturas ocidentais e não ocidentais, questionava-se a existência de uma única matriz evolutiva. Essa questão ganhou sentido especialmente no momento em que se afirmava com maior radicalidade a concepção de uma sociedade europeia civilizada, tomada como ápice do desenvolvimento da espécie, em contraposição ao grau alcançado pelas demais culturas, compreendidas como tendo sido historicamente incapazes de atingir o mesmo nível de realizações técnico-científicas, expressão de seu estágio de evolução sociocultural e de sua inferioridade racial.

Na perspectiva monogenista, haveria uma igualdade essencial entre as distintas raças humanas. O grau diferenciado de desenvolvimento seria explicado por fatores históricos e, através da educação e da evangelização, todas raças poderiam alcançar o mesmo grau civilizatório, mesmo reconhecendo a suposta supremacia branca. No dizer de Pritchard, antropólogo inglês defensor da perspectiva monogenista: "[...] quanto mais exploramos o conjunto dados reunidos, não podemos presumir que exista uma insuperável linha de demarcação entre as diferentes raças humanas" (Pritchard, 1848, p. 329 apud Kenny, 2007, p. 370).

Já os poligenistas criticavam a posição monogenista, acusando-a de pouco científica e mais fundada em argumentos religiosos que científicos. O argumento poligenista desenvolveu-se principalmente nos Estados Unidos, à medida que sustentava a presença do regime escravocrata. Para seus defensores, as diferenças entre as raças refletiam não experiências históricas distintas constituídas pelos diversos grupos/raças, mas tais experiências expressariam níveis diferenciados de desenvolvimento mental e moral. Os poligenistas, representados principalmente por Taine, Gobineau e Renan, afirmavam que os homens teriam origens distintas,

---

4. É interessante observar o deslocamento dos termos em relação ao século XVIII. No lugar de referir-se à natureza humana, expressão característica do discurso iluminista, recorre-se a uma expressão biológica: *one blood*.

tendo partido de diferentes centros de criação e que teriam originado humanidades plurais e cindidas (Schwarcz, 1996).

No dizer de David Hume, "nunca houve uma nação civilizada que não fosse branca, como tampouco houve qualquer indivíduo que se destacasse em ação ou especulação [...] uma diferença tão uniforme e constante não poderia acontecer em tantos países e épocas se a natureza não houvesse estabelecido uma distinção original entre raças de homens" (apud Gould, 2003, p. 28).

Afirmam-se na defesa do argumento poligenista duas matrizes. No dizer de Poliakov (1974), aliava-se um cientificismo ingênuo a um racismo militante. Por um lado, a perspectiva cientificista, fundada na fisiologia, sustentava os estudos comparados de caracteres anátomo-fisiológicos, supostamente indicativos do nível de desenvolvimento mental das diferentes raças, no que se conformou a craniometria. Por outro, o racismo sustentava as práticas colonialistas e escravocratas.[5] Mesmo Saint Simon, em 1803, criticava a emancipação dos escravos nas colônias, com o argumento fisiológico: "Os revolucionários aplicaram aos negros os princípios da igualdade: se tivessem consultado os fisiólogos teriam aprendido que o negro, de acordo com sua organização, não é suscetível, em igual condição de educação, de ser elevado à mesma altura de inteligência dos europeus" (apud Poliakov, 1974, p. 199).

Tal posição, embora dominante, não era unânime, sendo presente uma visão crítica do determinismo racial que apontava suas contradições. Assim é que o pastor Richard Wagner assim se expressava em 1834: "A primeira classe (dos defensores do determinismo racial) é constituída por aqueles que, devendo combater as paixões e os vícios do negro em seu estado puramente pagão, escolheram para melhorá-lo como instrumentos exclusivos o estímulo do chicote e a severa voz da autoridade. A segunda

---

5. Cabanis, autor da obra *Rapports du phisique et du moral ches lhomme* (1798), em que defendia que o físico determinava o moral, posição dominante ao longo do século XIX, na defesa da desigualdade entre povos e raças assim dizia: "Não só esta igualdade será provavelmente sempre quimérica, mas não será permitido duvidar de que seja desejável? Não é absolutamente porque há diversidade e desigualdade de um homem para outro que há sociedade, isto é troca de serviços entre homens?" (apud Poliakov, 1974, p. 201).

DESENVOLVIMENTO HUMANO

classe é composta por nossos filósofos que julgam as capacidades intelectuais de acordo com a configuração dos ossos do crânio, medem o espírito por meio da régua e do compasso, subordinam a moralidade aos contornos da cabeça e decidem deste modo sobre as disposições para o conhecimento e a salvação" (apud Poliakov, 1974, p. 205)

Segundo Kenny (2007), até a publicação de *A origem das espécies*, a posição poligenista se fez dominante nos meios científicos. São inúmeras as citações de autores da época, desde cientistas a literatos, políticos, religiosos e filantropos que reproduziam *ad nauseam* o argumento poligenista. Porém, quando a obra de Darwin veio a público, tal polêmica foi ressignificada à luz dos conceitos de seleção natural. O homem era parte da natureza e sua ascendência remetia não mais às figuras bíblicas de Adão e Eva, mas à do macaco.

Darwin, nessa obra, evitou cuidadosamente estender suas conclusões à espécie humana, bem como manifestar-se quanto ao debate entre monogenistas e poligenistas. Para os monogenistas, a seleção natural era prova da origem comum das raças humanas. Já entre os poligenistas, conformaram-se duas linhas explicativas diferenciadas. Uma, antidarwinista, recusava os argumentos da teoria da seleção natural. Outra incorporava os conceitos darwinianos à luz de uma perspectiva segundo a qual as mudanças biológicas indicavam que a pluralidade das raças era, na verdade, expressão da pluralidade de espécies (Kenny, 2007). No dizer de Haeckel: "[...] as diferenças físicas existentes entre os diversos grupos, são muito maiores que as utilizadas comumente pelos zóologos, para distinguirem espécies e gêneros animais [...] Dames observou a este propósito que se o negro e o caucásio fossem escaravelhos, seriam considerados como duas espécies perfeitamente estabelecidas que jamais poderiam ter nascido de um mesmo casal por divergências progressivas" (Haeckel, 1898, apud Richards, 2008, p. 253).

Darwin evitou assumir uma posição ante tal debate, coerente com sua posição cautelosa de não estender suas conclusões referentes ao campo da Biologia para outros campos do conhecimento ou para o debate não propriamente científico. Porém, com a publicação em 1871 de sua obra *Descendent of man*, tornou público seu tratamento da questão. Cabe observar que, à semelhança da publicação de *A origem das espécies* (escrita vinte anos antes), Darwin levou doze anos para publicar esse livro, em que discutia o mecanismo da seleção natural aplicado ao entendimento do desenvolvimento da espécie humana.

Darwin procurou distanciar-se da posição poligenista, ao mesmo tempo que afirmava uma visão monogenista diferenciada. Para o autor: "[...] por um processo que poderia ser designado como *seleção cultural*, algumas raças teriam progredido mais que outras e desenvolvido caracteres mentais distintos, racialmente definidos". Darwin via esse processo como resultante da interação entre natureza e cultura, referente principalmente ao desenvolvimento das faculdades mentais e morais, acreditando que tais variações seriam hereditárias.

O biólogo lançou mão na obra de uma abordagem naturalística no estudo do desenvolvimento das faculdades humanas, acreditando não haver uma descontinuidade com as das demais espécies. Mesmo ao abordar a linguagem, Darwin adotou uma perspectiva evolucionista que considerava a gênese das complexas formas linguísticas humanas derivações do desenvolvimento gradual de formas de comunicação presentes nas demais espécies. No diálogo com as discussões da época, Darwin analisava a diferença entre a linguagem nos povos civilizados e nos povos primitivos, entendendo haver uma descontinuidade entre ambas, fruto dos mecanismos de seleção natural e hereditariedade.

Nessa obra, expôs claramente algo que, segundo seus comentadores (Richards), já se fazia presente nas reedições de *A origem das espécies*. Ou seja, sua visão de que a seleção natural não seria o único mecanismo evolutivo e de que o meio e a hereditariedade seriam também forças atuantes no processo. Em suas palavras (1871, p. 152-153 apud Richards, 1987, p. 193): "[...] na primeira edição de *A origem das espécies* eu provavelmente atribuí maior importância à ação da seleção natural na sobrevivência dos mais aptos [...] eu devo permitir-me dizer que a seleção natural constitui o principal mecanismo evolutivo, acrescida, porém, dos efeitos dos hábitos adquiridos e da força do meio".[6]

---

6. Por explicitar a crença na presença dos hábitos adquiridos nos processo evolutivos, Darwin é visto por muitos dos comentadores de sua obra com o adotando ao final da vida uma perspectiva

Nessa obra, Darwin expôs mais claramente suas posições e manifestou a defesa de sua ideia de uma divisão do gênero humano em raças superiores e inferiores, julgando que, no dizer de Poliakov (1974, p. 283), "a diferença de nível mental entre as diferentes raças era maior do que aquela que podia separar entre si os homens da mesma raça".

Para Kenny (2007, p. 382), "a seleção natural, como princípio geral do desenvolvimento propiciou uma base monogenista, constituindo-se ao mesmo tempo como um poligenismo na prática, já que as grandes diferenças entre as raças seriam essencialmente irreversíveis".

Assim é que, a partir da teoria da seleção natural, o argumento monogenista foi colocado em novos termos, distanciando-se da posição universalista defensora de *one blood* para uma perspectiva que se aproximava da posição poligenista. Haveria uma origem genética comum, mas em função de processos socioevolutivos diferenciados, construiu-se uma diversidade dos grupamentos humanos hierarquicamente constituída, com hierarquia definida pelo grau de desenvolvimento técnico-cultural. A diversidade humana seria expressão dos diferentes estágios de desenvolvimento das distintas raças. No dizer de Stocking (1971, p. IXX apud Gould 2003, p. 65):

> as tensões intelectuais resultantes foram resolvidas depois de 1859 por um evolucionismo amplo que era, ao mesmo tempo, monogenista e racista, e que confirmava a unidade humana mesmo quando relegava o selvagem de pele escura a uma posição muito próxima à do macaco.

As citações dos mais distintos homens da ciência ao longo do século XIX repetem-se na defesa de uma posição que, quer monogenista, quer poligenista, era quase unânime na visão de uma diferenciação evolutiva entre as raças (ou espécies, no caso dos poligenistas). Tanto que A. Humboldt, ao agradecer a Gobineau o envio do exemplar de seu livro *Desigualdade das raças humanas*, assim se manifestou: "o livro exposto era oposto

---

lamarkista. No dizer de Eiseley, na obra *Darwin's century*: "Darwin era essencialmente um homem na transição do século XVIII para o século XIX. Ele nunca escapou totalmente da influência de ideias lamarkianas presentes em sua juventude" (1961, p. 245 apud Richards, 1987, p. 195).

por seu título a minhas crenças *antiquadas* no tocante à distinção desoladora de raças superiores e inferiores"[7] (apud Poliakov, 1974, p. 152).

Essa obra de Gobineau, publicada em 1856, conformou-se como referência na afirmação das desigualdades raciais, tendo experimentado enorme aceitação nos meios científicos e divulgação entre o grande público.[8] Ela contribuiu para fazer imperar na segunda metade do século XIX uma interpretação evolutiva que tomou forma no determinismo racial.

O determinismo racial ancorava-se em quatro máximas, no dizer de Schwarcz (1993): a primeira era que a raça constituiria um fenômeno essencial e haveria distinção fundamental entre as diferentes raças humanas, ou uma diferença abissal nos graus de evolução avançados pelas distintas raças. A segunda estabelecia uma relação entre atributos internos e externos. Ou seja, a partir do estudo de dados antropométricos sobre caracteres exteriores, seria possível apreender características cognitivas e mesmo morais das distintas raças. Tal máxima sustentou a ciência da craniometria, em que ao longo de todo o século XIX as atenções concentraram-se no estudo morfológico do crânio, criando instrumentos de medição das diferenças cranianas entre as mais distintas populações. A terceira máxima indicava que o indivíduo não seria mais que a soma de seu grupo rácico-cultural. Ou seja, só seria possível apreender o indivíduo no interior de determinado coletivo, definido por atributos de seu grupo rácico-cultural. Por fim, com Galton,[9] afirma-se a quarta máxima exposta pela autora. Com a criação da ciência da eugenia define-se que só seria possível lidar com o fenômeno das diferenças raciais por meio de uma política de aprimoramento, intervindo na sua reprodução.

No que se refere ao estudo do desenvolvimento humano, as perspectivas conceituais e metodológicas, ao longo do século, seriam sustentadas pelas polêmicas em torno da raça e no desenvolvimento da ciência

---

7. Essa posição já havia sido manifesta pelos irmãos Humboldt: "Todos são feitos igualmente para a liberdade [...] queria encarar a humanidade em seu conjunto, sem distinção de religião, de nação, de cor, como uma grande família de irmãos, como um corpo único, marchando para um só e mesmo fim, o livre desenvolvimento de suas força morais" (Cosmos, 1846, p. 579 apud Poliakov, 1974, p. 151).

8. O autor visitou o Brasil a convite do imperador D. Pedro II, vivo apreciador de sua teoria.

9. A teoria de Galton será apresentada no Capítulo 5.

da Biologia. Afirma-se uma perspectiva evolutiva, presente em autores como Spencer, Taine, Baldwin e Hall, que analisaria os processos de desenvolvimento das funções psíquicas entendendo-os como evolutivos. Por outro lado, os processos de desenvolvimento ontogenéticos só seriam apreensíveis tendo em vista as desigualdades raciais. O determinismo racial ancorou essa produção, deixando suas marcas na ciência psicogenética, mesmo ao longo do século XX.

Contribuições da Embriologia

Ao lado do conceito de raça, outra contribuição fundamental da Biologia adveio do campo dos estudos embriológicos, que ancoraram o entendimento dos processos de desenvolvimento ontogenético, desde as formas embrionárias até chegar ao nascimento. Na produção científica sobre o desenvolvimento afirmou-se uma analogia entre os processos evolutivos intrauterinos e o desenvolvimento posterior, do nascimento à idade adulta.

A perspectiva monogenista vitoriosa no século XIX dialogou, na construção dos fundamentos do estudo dos processos de desenvolvimento humano, com este campo de investigação biológica, que experimentou enorme florescimento ao longo deste período.

Foi a Embriologia, principalmente, que ofereceu parâmetros para análise dos processos de transformação individual. Com o significativo incremento dos estudos na área e avanço no conhecimento sobre os mecanismos e processos de transformação dos corpos vivos, desde sua concepção, a apreensão do desenvolvimento humano adquiriu maior cientificidade e densidade teórico-conceitual, de acordo com os referenciais epistemológicos da época.

O interesse pelo estudo da criança foi redefinido a partir da evolução da embriologia, em que se buscava compreender as origens das diferentes formas vivas, de maneira a analisar sua evolução, entendendo-as como análogas à gênese da vida no indivíduo. Na medida em que a espécie humana era afirmada, como demonstrou Darwin, como apenas uma das espécies, a análise dos processos de evolução do indivíduo indicavam o estudo de sua origem, tomando como referência as formas embrionárias. Dessa perspectiva, a Embriologia traz para seu campo o estudo da origem da vida humana, enfocando os princípios genéticos de desenvolvimento da espécie.

Nesse sentido, dois autores destacam-se ao longo do século XIX, com investigações que forneceram conceitos e princípios-chaves para o campo de estudos sobre desenvolvimento humano. Tais autores — Von Baer e Haeckel —, a partir de pressupostos distintos, ou mesmo opostos, influenciariam diretamente a análise ontogenética, marcando a produção científica sobre o tema

Tanto Von Baer quanto Haeckel inserem-se na tradição embriológica que desenvolveu estudos sobre o crescimento e diversificação das formas orgânicas, indicando a relação histórica entre variadas formas vivas e produzindo as bases conceituais para os estudos sobre desenvolvimento humano.

Von Baer era considerado, na primeira metade do século XIX, o maior embriologista da época, tendo descoberto o óvulo humano. Nascido na Estônia em 1782, formou-se e desenvolveu seus estudos na Prússia e na Rússia, vindo a falecer em 1876. Embora seja considerado o pai da embriologia, posteriormente estendeu seu campo de estudos para outras áreas científicas, inclusive a Antropologia, com a realização de estudos craniométricos. Foi também um dos principais críticos contemporâneos de Darwin. Se, por um lado, concordava com a teoria do autor sobre os processos transformativos de algumas espécies, refutava a ideia de que a transformação poderia ser estendida a todos organismos vivos. A partir de seus estudos, postulou os princípios de desenvolvimento embrionário que constituiriam generalizações construídas com fundamentos no estudo experimental das mudanças genéticas embrionárias.

Comentando a importância de sua obra, Ernst Haeckel (1989, p. 12) dizia que

> no memorável ano de 1828, Karl Von Baer publicava na Alemanha, a sua obra clássica, *Entwickelumgsgeschichte der Tiere*, que constituiu a primeira

tentativa séria para explicar a formação do corpo animal pela observação e reflexão e expor de todos pontos de vista a história do indivíduo em vias de crescimento, desde o gérmen alimentar até a completa maturação.

Cientista experimental por excelência, o biólogo seguiu a evolução embriológica de um cão desde sua fecundação, acompanhando os processos transformativos. Com base nesses estudos, ofereceu dados empíricos que refutavam as posições dominantes da Embriologia da época, expostas em duas teorias: a preformista e a paralelista.

De acordo com a teoria preformista, ainda presente no século XIX, os óvulos constituiriam uma miniatura dos organismos adultos. Na crítica de Von Baer, se tal teoria fosse verdadeira, os caracteres dos organismos adultos seriam idênticos ao longo do desenvolvimento. O autor demonstrou que, ao contrário, alguns caracteres surgiriam mais cedo, outros mais tardiamente, no decorrer da evolução embrionária.

A outra teoria da época, com a qual Von Baer dialogou e que buscou refutar com base em dados experimentais, foi a teoria paralelista, que prepugnava uma identidade entre os distintos embriões de espécies diferenciadas. De acordo com tal perspectiva, os embriões das espécies mais desenvolvidas passariam por estágios evolutivos semelhantes aos mais avançados de embriões de espécies menos evoluídas. Von Baer afirmou que os embriões de uma espécie somente poderiam ser comparados com os da mesma espécie e não com de organismos de espécies distintas.

A partir da crítica, fundada em dados empíricos, às posições paralelista e preformista, o autor definiu as leis gerais do desenvolvimento embrionário, o que denominou "Fundamental Nature of Ontogenetic Change". Para Wells (2002), mais que leis, os princípios de Von Baer constituiriam um sumário de suas descobertas experimentais. O biólogo definiu quatro princípios no processo de desenvolvimento embrionário: especialização, heterogeneidade, diferenciação e organização. Segundo eles, os organismos em seu processo evolutivo passariam de um estado de homogeneidade e indiferenciação, para uma posterior heterogeneidade e especialização, a partir de mudanças graduais. No dizer de Cairns (1998, p. 28):

O autor concebia o processo de desenvolvimento como a sucessão de estágios, dos mais gerais para os mais específicos, de um estado de relativa homogeneidade para uma progressiva diferenciação, no interior de uma estrutura, característica dos organismos vivos, que caminharia de uma desorganização inicial para uma posterior coordenação e organização.

Outro importante embriologista que se tornou referência nos estudos sobre o desenvolvimento humano já na segunda metade do século XIX foi Ernst Haeckel (1834-1919). Médico por formação, desenhista por vocação, naturalista por interesse, sua influência na produção científica da época estendeu-se para os mais diferentes campos, tendo eclipsado a referência anterior a Von Baer. Embora situados no mesmo campo de produção científica, a visão de ciência e a perspectiva teórico-metodológica revelaram-se distintas e mesmo opostas.

Enquanto Von Baer era um cientista experimental *stricto sensu*, que entendia a Embriologia como ciência empírica, Haeckel, embora defendesse uma ciência fundada na experimentação, estendia as conclusões advindas do campo biológico para a apreensão dos mais distintos fenômenos sociais. Sua visão empiricista, segundo alguns autores (vide Weels, 2002) era mais retórica que concreta.

O autor dialogou diretamente com Darwin, ambos mantendo uma correspondência ocasional voltada para análise de aspectos dos processos evolutivos.[10] Haeckel foi um ardoroso divulgador da teoria darwinista na Alemanha (onde era chamado do *buldog* de Darwin). Sua obra de difusão da teoria da seleção natural, *The History of Criation* (1868), foi mais lida que a própria *A origem das espécies*, tendo tido sucessivas reedições. Embora Darwin demonstrasse interesse e concordância com as conclusões do autor no campo da Embriologia, desconfiava da possibilidade de estendê-la a outros fenômenos, especialmente de ordem social.

---

10. Em sua autobiografia, Darwin comenta que em *A origem das espécies* buscou explicar as diferenças entre o embrião e o animal adulto, aspecto desconsiderado na obra, reputando a Franz Muller e Haeckel o desenvolvimento dessa perspectiva. Em suas palavras: "Fritz Muller e Haeckel sem dúvida desenvolveram com muito mais detalhe e em alguns aspectos de modo mais correto do que eu que havia feito" (2004, p. 115).

Haeckel dialogava mais com o evolucionismo que com a teoria da seleção natural, ou "descendência com modificação", como a nomeava Darwin. Ou seja, sua apreensão da teoria entendia-a como doutrina e não tanto como construção científica *stricto sensu*. Para Haeckel, a evolução seria um incessante desenvolvimento de todas formas materiais, associada ao progresso. De acordo com sua perspectiva, definida como monista, haveria uma unidade no universo entre os processos evolutivos experimentados por todas formas vivas. Afirmando-se tributário de Darwin, proclamava haver: "[...] uma maravilhosa unidade da natureza orgânica e inorgânica [...] todas as coisas no cosmos derivavam da matéria numa sucessão evolucionária ascendente" (apud Baumer, 2002, p. 102). Haeckel propunha superar a oposição entre ciência e religião, com base no que denominou filosofia monista: "[...] é somente pela sua união natural que podemos atingir o fim supremo da nossa atividade intelectual, o funcionamento da religião e da ciência no Monismo". Para o autor, seria possível reconciliar, de acordo com sua perspectiva, a apreensão racional, própria da ciência e sentimental, característica da religião, na compreensão do mundo. A partir daí forjou o termo "ecologia", difundido em suas sucessivas obras de divulgação científica (*The Riddle of Universe*, de 1899, foi um enorme sucesso editorial).

Tendo-se formado médico, Haeckel iniciou a sua carreira científica como naturalista, em expedições nas quais fez uso da sua extraordinária capacidade de desenhar (algumas de suas produções são consideradas obras de arte) para retratar as formas vivas observadas.

Posteriormemte, inseriu-se na Universidade de Jena, instituição com sólida tradição de estudos embriológicos, campo em que desenvolveria sua produção mais substantiva.

Haeckel realizou estudos morfológicos voltados para o desenvolvimento embrionário, expressando-os em sua obra *General Morphology*, de 1866,[11] em que forjou os termos "ontogênese" e "filogênese", formulando a chamada lei biogenética ou teoria da recapitulação. Segundo esta,

---

11. Haeckel define tal obra como o estudo da "significação antropológica do desenvolvimento dos organismos" (1989, p. 13).

"o desenvolvimento do indivíduo orgânico, a série de mudanças de forma que cada indivíduo passa durante todo o período de sua existência individual, é imediatamente condicionada pela filogênese, ou desenvolvimento da linhagem orgânica (*phylon*) a qual ele pertence [...]. Ontogenia é a rápida e curta recapitulação da filogenia, causada pela funções fisiológicas de herança (reprodução) e adaptação (nutrição)" (Haeckel, 1866).

A lei biogenética ou hipótese da recapitulação definia que "a ontogênese repete a filogênese", um trava-língua, no dizer de Gould (2003), frase síntese de seus estudos apropriada tanto de maneira literal por Stanley Hall, quanto influenciou o pensamento ocidental do final do século XIX, estando presente ainda na obra de autores da primeira metade do século XX, como Freud, Piaget, Vygotsky e Levi Bruhl.

O autor partiu de duas questões: as espécies mantêm-se essencialmente as mesmas, no decorrer do tempo, ou elas mudam? Como um organismo cresce de embrião a adulto?

Essas perguntas distintas encontrariam uma solução mútua na teoria biopsicogenética. Para Cairns (1998, p. 24), "tal pressuposto combinava as duas principais forças da evolução orgânica: a ontogênese e a filogênese num único padrão".

Nas palavras de Haeckel: "A história do embrião (ontogenia) deve ser completada com uma segunda, da mesma validade, a história da raça (filogenia). Ambas são dimensões da ciência evolutiva estando mutuamente conectadas, sendo fruto da ação recíproca das leis da hereditariedade e adaptação. A ontogênese constitui uma breve e rápida recapitulação da filogênese, determinada pelas funções fisiológicas da hereditariedade e adaptação" (1866).

Os princípios da evolução ontogenética seriam, para o autor:

O ovo fertilizado começa como uma única célula (igual à primeira célula viva que surgiu no planeta);

Com as repetidas divisões da célula-ovo, surge um embrião com um arranjo segmentado (a fase "lombriga");

Os segmentos desenvolvem-se em vértebras, músculos e algo que se aparenta com brânquias (a fase do "peixe");

Surgimento de rudimentos de membros (mãos e pés) que parecem servir para nadar, também aparece um "rabo" (a fase do anfíbio);
Por volta da oitava semana de desenvolvimento, a maioria dos órgãos está quase completa, os membros desenvolvem os dedos e o "rabo" desaparece (a fase humana) (1899).

Se a teoria da recapitulação apresentava uma originalidade no campo da embriologia, seus pressupostos faziam-se presentes no pensamento ocidental. Segundo Wooldridge (1994, p. 26), a ideia de que a história humana seria reproduzida no ciclo de vida do indivíduo era frequente na cultura cristã. Desde Santo Agostinho, continuando nos escritores medievais, observa-se a descrição da história humana recorrendo-se à metáfora das idades da vida, passando por seis fases, desde a infância até a senilidade.

Augusto Comte foi o responsável por adicionar um componente psicológico ao modelo teológico, ao afirmar que o ciclo da vida reproduziria a vida psicológica da raça, começando pelo estado teológico, passando pelo metafísico, chegando à maturidade do estado positivista. Ao mesmo tempo, o autor enfatizava as similitudes entre o pensamento da criança e do selvagem. Ambos seriam caracterizados por conceber o universo em termos animísticos que explicariam os fenômenos de acordo com um pensamento mágico no lugar de recorrer às leis da ciência.

Haeckel, coerente com sua formação em Biologia, sustentou a teoria da recapitulação em dados empíricos fazendo uso de uma série de desenhos que apresentavam embriões de diferentes espécies de vertebrados, ao longo do seu processo de desenvolvimento.

Na verdade (e isso era sabido à época), Haeckel falseou seus desenhos,[12] exagerando as similitudes e desconsiderando expressivas diferenças entre os distintos embriões retratados. Ao mesmo tempo, os estados em que se encontravam referiam-se não a embriões em seu estágio

---

12. Na obra *The Tragic Sense of Life*: Ernst Haeckel and the Struggle over Evolutionary Thought, University of Chicago Press, 2008, o historiador da ciência Robert Richards tece uma instigante biografia de Haeckel, em que refuta tal acusação.

inicial, mas já em processo adiantado de desenvolvimento. Assim é que mais que uma teoria científica, a perspectiva de Haeckel, afirmou-se um postulado cientificista em que os falsos dados empíricos sustentavam conclusões apressadas e pouco fundamentadas.

Para além de uma lei científica, a lei da recapitulação se constituiria uma doutrina que estenderia sua influência para os mais distintos campos científicos nos cinquenta anos posteriores, mesmo tendo sido à época de sua divulgação, refutada sua cientificidade.

Para Wells (2002), desde o início a lei da recapitulação era mais uma dedução teórica que uma inferência empírica. No dizer de Rasmussen (apud Wells, 2002, p. 88): "Todas as importantes evidências da implausibilidade da lei de recapitulação que determinaram sua rejeição posterior estavam postos desde os primeiros dias de sua aceitação".

Von Baer opôs-se à hipótese da recapitulação, afirmando que esta se baseava em observações falsas e se fundava em uma perspectiva mais romântica que lógica. Sua perspectiva tinha em vista ancorar as descobertas científicas apenas em estudos experimentais. Em suas investigações, sustentava que os organismos de espécies relacionadas seriam muito similares anatomicamente durante os primeiros estados do crescimento embrionário. No entanto, ao contrário das expectativas da interpretação de Haeckel, diferenças típicas a cada espécie apareciam muito cedo no curso do desenvolvimento e não nos seus estágios finais. A principal conclusão do autor era que "o processo de desenvolvimento embriológico demanda um estudo rigoroso nos seus termos, não podendo ser derivado de uma analogia com a evolução" (Cairns, 1998, p. 29). Porém, à época, imperou a perspectiva de Ernst Haeckel.

A homologia entre os processos evolutivos naturais, psíquicos e sociais foi marcada por esta visão de um princípio geral monista, definido pela lei biogenética, que Haeckel entendia como uma lei universal, em que a história do ser humano seria parte de uma totalidade orgânica. Para Haeckel, a humanidade caminharia para uma complexidade crescente, o que explicaria a existência de raças diferentes, entendidas como espécies que tiveram origem comum, mas que se tornaram distintas ao longo da história, como descrito no item anterior. Partindo de uma perspectiva po-

DESENVOLVIMENTO HUMANO

53

ligenista, afirmava existir um único gênero: *Homo*, que englobaria espécies variadas e hierarquicamente ordenadas. Em suas palavras (1989, p. 22):

> Vimos no cume da espécie humana um Goethe ou um Shakespeare, um Darwin e um Lamark, Spinoza e Aristóteles e no mais baixo da escala encontramos os weddas e os akkaas, os australianos e os drádivas, os bosquímanose os patagões. A vida psíquica apresenta diferenças infinitamente maiores, quando se compara aqueles espíritos geniais e esses representantes degradados da humanidade, do que entre estes e os antropoides.

A perspectiva poligenista de Haeckel, embora encaixasse outras raças apreendidas como espécies no gênero humano, identificava em algumas delas mais proximidade com os primatas que com os arianos.

Haeckel construiu uma "árvore genealógica das doze raças humanas",[13] em que o homem da época surgia no topo da escala evolutiva sob duas formas: os de cabelos frisados, inferiores, e os de cabelos lisos, superiores. Como comenta Ottavi: "provavelmente importa relacionar esse privilégio concedido a uma diferença física com a importância crescente da antropometria em finais do século XIX" (2004, p. 58).

A teoria da recapitulação assumiu o lugar de teoria geral do determinismo biológico (Gould, 2003). No dizer de Conkin (1928, p. 70 apud Wooldridge, 2004, p. 26), "aqui está um método que promete revelar não apenas a ancestralidade animal do homem e sua linha de descendência, mas também o método de estudo da origem de suas faculdades mentais, sociais e éticas". Afirmou-se como postulado científico a pressuposição de que a criança herdaria habilidades, memória e hábitos de seus ancestrais e exibiria ao longo de seu desenvolvimento individual a reprodução dessa aquisição pela espécie (Wooldridge, 1994). No dizer de Gould (2006, p. 389): "eu suspeito que a influência da teoria da recapitulação em outros campos só foi superada pela teoria da seleção natural durante o século

---

13. Nessa árvore genealógica, os judeus aparecem como ramo hierarquicamente inferior aos arianos, tendo o modelo de Haeckel contribuído para a argumentação nazista. O autor foi inclusive um dos fundadores, juntamente com Galton, entre outros da Sociedade Internacional para a Higiene Racial, criada em 1905 para promover a qualidade da raça branca (vide Herman, 1997 e Poliakov, 1974).

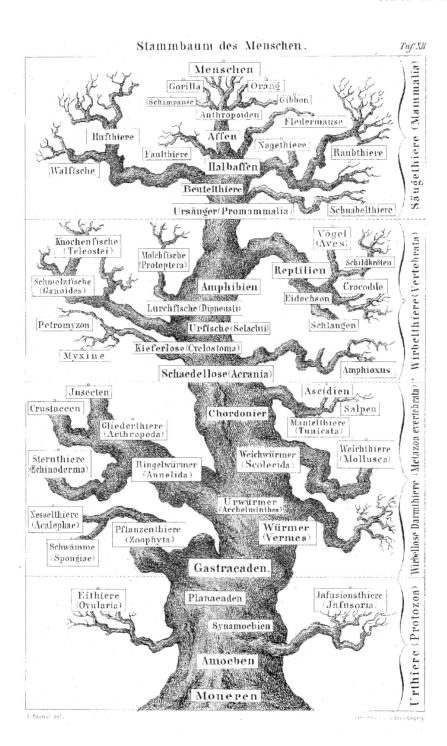

XIX". Tal perspectiva mobilizou o estudo do desenvolvimento da criança por cientistas de campos diversos, como antropólogos e biólogos. Além disso, teve profundo impacto em campos como Antropologia criminal, teorias raciais, educação e Psicanálise.

Vários pesquisadores da época fizeram medições comparativas entre partes anatômicas de crianças brancas e adultos de outras culturas, como Agassiz, que comparou o cérebro de negros adultos com o de fetos brancos, explicando por que os negros nunca teriam construído uma civilização. Outros, como Cope (1887 apud Gould, 2003), compararam partes como panturrilha, nariz, abundância da barba, tomados como elementos indicativos do nível evolutivo da raça. Todas as pesquisas chegaram invariavelmente à mesma conclusão: haveria uma escala evolutiva entre as raças cujo ápice seria a raça branca e a menos evoluída a raça negra, analógica ao desenvolvimento do indivíduo. No dizer do antropólogo norte-americano D. G. Brinton (1890 apud Gould, 2006, p. 114):

> O adulto que conserva traços fetais, infantis ou simiescos mais numerosos é inquestionavelmente inferior ao indivíduo que conseguiu desenvolver esses traços [...] de acordo com esses critérios, a raça branca ou europeia situa-se no topo da lista, enquanto a negra ou africana ocupa sua posição mais inferior [...]. Todas as partes do corpo foram minuciosamente examinadas, medidas e pesadas de forma a estabelecer uma ciência da anatomia comparada das diferentes raças.

Em termos dos caracteres psicológicos haveria o mesmo processo evolutivo. As raças tidas como inferiores estariam no mesmo nível de desenvolvimento emocional de uma criança branca. Para Cope, a arte pré-histórica seria semelhante ao desenho infantil e dos "povos primitivos". Spencer dizia que em termos cognitivos os traços intelectuais dos selvagens seriam os mesmos das crianças civilizadas.

Uma questão estava posta: como compreender os processos de desenvolvimento individual e social com a mesma chave explicativa? Se as diferentes sociedades e culturas estavam em níveis diferenciados de evolução, quais seriam as condições de desenvolvimento dos indivíduos, no interior de cada cultura?

Assim é que a resposta construída pela Psicogenia nascente é que as possibilidades do desenvolvimento individual estariam definidas por seu pertencimento sociorracial. Como aponta Gould (2003, p. 114): "não era a primeira vez que os grupos depreciados eram comparados a crianças, mas a teoria da recapitulação revestiu esse conto com o manto da respeitabilidade social próprio de uma teoria científica". Haveria limites, principalmente mentais, dados pelos diferentes níveis raciais que constrangeriam as possibilidades do desenvolvimento do indivíduo.

Tal postulado teve consequências diretas para dois campos de conhecimento nascentes: a Antropologia e a Psicogenia. A relação entre os povos selvagens e as crianças serviu de justificativa às práticas colonialistas do final do século, dada a menoridade cognitiva dos colonizados, que deveriam ser postos sob tutela, tal como crianças dos povos ditos civilizados.

Se hoje a teoria da recapitulação é praticamente esquecida, suas marcas foram fundamentais na construção das teorias e doutrinas racistas do final do século XIX bem como na formulação de uma Psicologia genética, aspecto que analisaremos no estudo de autores como Spencer, Preyer, Hall e Baldwin.

3
A evolução e os processos de desenvolvimento humano na perspectiva de Herbert Spencer

> *Quer se trate das transformações da terra, do desenvolvimento da vida à sua superfície ou do desenvolvimento das instituições políticas, da indústria, do comércio, da língua, da literatura, da ciência e da arte; em tudo dá-se a mesma evolução, do simples para o complexo, mediante sucessivas transformações. Desde as mais remotas transformações cósmicas até os mais recentes resultados da civilização, o progresso consiste essencialmente na passagem do homogêneo para o heterogêneo.*
>
> Herbert Spencer

O conceito de evolução assumiu, ao longo do século XIX, diferentes versões bem como experimentou sucessivos deslocamentos, como salientado no primeiro capítulo. Embora tenha sido associado à teoria da seleção natural de Darwin, o autor rejeitava a postulação do processo evolutivo como conceito historicamente afirmado de um processo universal relativo a todos fenômenos físicos, sociais e naturais. Tal concepção, que se tornou dominante ao longo do século XIX, teve, na verdade, em Herbert Spencer (1820-1903) seu principal autor e divulgador.

Assim é que, se o século XIX pode ser compreendido como o do triunfo de uma visão de mundo evolucionista, foi a perspectiva defendida e divulgada pelo filósofo inglês que imperou em grande parte das apropriações.

Hoje Spencer é um autor desconhecido, quase esquecido ou até mesmo desacreditado. Segundo autores de *História das Ciências*, sua obra deveria ser desconsiderada como produção biológica por constituir uma "suposição metafísica" (Freeman, 1974 apud Richards, 1987, p. 243). No dizer de Ernst Mayer: "seria justificável ignorá-lo totalmente na escrita da história da biologia, porque suas contribuições positivas foram nulas, tendo inspirado várias e populares apropriações incorretas da teoria da evolução" (1982, p. 386 apud Richards 1987, p. 243).

Em sua época, o autor foi intensamente lido e discutido, tendo desenvolvido uma extensa obra em que aplicou sua perspectiva evolutiva a diferentes áreas do conhecimento. Por ocasião de sua morte, Alfred Wallace[14] chegou a dizer que: "o único metafísico que eu consigo realmente compreender e cuja obra trouxe alguma contribuição é Herbert Spencer" (apud Richards, 1987, p. 245).

Engenheiro por formação, Herbert Spencer trabalhou em empresas ferroviárias quando tal meio de transporte constituía a materialização de avanços tecnológicos e da contribuição da ciência para o progresso, expressão do estágio do desenvolvimento civilizatório europeu.

Spencer não ficaria indiferente a tal espetáculo dos triunfos da civilização. Ao contrário, buscou refletir sobre o significado do processo histórico de desenvolvimento científico-tecnológico europeu, entendendo-o como manifestação de um processo evolutivo mais amplo que abarcaria as sociedades, os indivíduos e a natureza.

A partir de tal perspectiva, desenvolveu extensa obra aplicada a diferentes áreas do conhecimento, num percurso caracteristicamente autodidata. Para Valede (apud Le Goff, 2000), em Spencer fica clara a

---

14. Wallace foi o biólogo cujos estudos sobre evolução, ao serem enviados a Darwin, levaram-no a finalmente decidir publicar *A origem das espécies*, pela semelhança entre as ideias defendidas por ambos.

confusão da ideia ocidental de civilização, articulada à noção de progresso, com *toda* ideia de civilização, o que marcaria seus estudos nos distintos campos.

Antecipando Darwin em sete anos na formulação de uma teoria evolucionista, Spencer publicou, em 1851, o ensaio *Social Statics*, em que opunha dois modos de pensamento, definidos como estático e dinâmico. Em contraposição a uma visão de uma natureza estática, perspectiva ainda presente no século XVIII, Spencer propunha a visão do universo em constante movimento, guiado por forças evolutivas em direção ao aprimoramento, defendendo um processo dinâmico que unificaria as diferentes formas vivas.

Nessa obra, Spencer adota uma perspectiva teleológica inspirada em August Comte, que enxergava no processo evolutivo uma direção em relação ao progresso, direção que estaria presente em todas forças vivas do universo. O autor definiu tal processo como lei do progresso. À filosofia caberia unificar todo o conhecimento sobre os processos evolutivos analisados pelos diferentes campos científicos, de acordo com esse postulado.

No que se refere ao desenvolvimento social, Spencer identificava uma tendência à perfeição de acordo com a qual a civilização seria um dia completa, abarcando todas as sociedades humanas. O desenvolvimento social teria caráter progressivo e caminharia da organização rude e simples das sociedades ditas primitivas para a complexidade das sociedades contemporâneas europeias. Em seu retrato do desenvolvimento da humanidade fazia referência aos inúmeros e diferenciados degraus que separavam os povos primitivos e civilizados (Spencer, 1851, p. 442).

A descrição das leis do progresso foi desenvolvida de forma mais sistemática na obra *Progress, it Law and Cause*, 1857, em que o autor defendia que a lei do progresso orgânico seria a lei de todo progresso. Por um lado, lançou mão do conceito de força, inspirado na Física newtoniana, entendendo-a como motor do movimento evolutivo. Por outro, no diálogo com a produção da Biologia da época, ciência em franca expansão, baseou-se principalmente nos estudos recém-publicados pelo embriologista Von Baer. Transpondo os princípios do desenvolvimento embriológico defendidos pelo autor, em que a evolução do óvulo ao embrião seria definido por um processo que caminharia da indiferenciação para a especialização, da homogeneidade para a heterogeneidade na constituição do organismo, Spencer estendeu-os a todos fenômenos físicos e sociais.

Von Baer influenciou diretamente os estudos psicogenéticos de Spencer, que citou seus princípios embriológicos no livro *Principles of Psychology* (1855). Nessa obra, afirmava serem os princípios do desenvolvimento humano análogos aos das demais espécies, caracterizados por um processo contínuo de diferenciação e organização. Estendeu sua perspectiva evolucionista a diferentes domínios do conhecimento nas obras *Principles of Biology* (1864), *Principles of Sociology* (1876).

De acordo com sua posição, tanto na natureza quanto nas sociedades como nos indivíduos, estaria presente a mesma força evolutiva que dirigiria o desenvolvimento de todos estes organismos e fenômenos. No caso das sociedades a realização máxima desse processo histórico evolutivo seria o nível de desenvolvimento civilizatório das sociedades europeias e, no caso do indivíduo, o adulto europeu civilizado das elites. Assim é que o autor constrói uma visão biologizante da vida social, entendendo a sociedade como um grande organismo.

Para Richards (1987), na verdade, o problema central de Spencer era de ordem moral (tema central no século XIX). Ou seja, o autor buscava centralmente apreender como o processo de evolução natural produziria uma evolução moral da sociedade. Nas palavras de Richards (1987), a teoria de Spencer teria reduzido os princípios morais ao simples desenvolvimento de mecanismos naturais, embora, por outro, tenha considerado a natureza humana como intrinsecamente moral.

A perspectiva de Spencer contrariava o cuidado de Von Baer de não utilizar suas formulações, fundadas em evidências empíricas, em outros campos do conhecimento além da Embriologia, apenas aplicando seus princípios aos processos de transformação do óvulo ao embrião. Spencer não leu diretamente a obra de Von Baer, mas em sua autobiografia afirma ter reconhecido no embriologista a formulação das próprias ideias (Ottavi, 2000).

O interesse pelos processos de desenvolvimento humano é exposto no livro *Prynciples of Psychology*. Essa extensa obra, de 625 páginas, foi publicada inicialmente em 1855 e revista em 1870, após a obra de Darwin *A origem das espécies* vir a lume. Spencer defendia que, no estudo da evolução do indivíduo humano, deveriam ser investigados os fenômenos psíquicos a partir de suas origens, analisando os processos de desenvolvimento. O autor centrou seus estudos nos elementos constitutivos do pensar, buscando traçar um percurso evolutivo da construção da razão no processo de desenvolvimento humano. Transpondo os princípios de Von Baer, compreendia que toda vida psíquica ou física resultaria de uma combinação de transformações, expressas numa lei geral da evolução, concebida como invariável.

Haveria três maneiras de produção da evolução: por especialização, complexificação e generalização. As mudanças nos organismos tenderiam à persistência e harmonia, perspectiva coerente com a lei do progresso.

Para Ottavi (2000, p. 60), "ganha corpo uma perspectiva epigenista do desenvolvimento psicológico que é também uma perspectiva da história das ideias e do progresso da civilização, onde uma tendência para a mudança engendra progressivamente o que não existe à partida".

O processo de desenvolvimento expresso na obra fundamentava-se na visão adaptativa do autor, segundo a qual qualquer mudança na estrutura interna de um organismo, quer de ordem fisiológica, quer psíquica, estava em relação com o ambiente e suas transformações. O conceito biológico de adaptação foi central em sua obra, compreendido como mecanismo ou força que impulsionaria as formas vivas em direção ao progresso, num processo evolutivo, no interior de um universo em constante mudança. Caberia à Psicologia científica mostrar como o progresso intelectual realizaria uma adaptação cada vez mais perfeita do espírito com o mundo exterior, ou seja, uma correspondência crescente entre as relações subjetivas internas e as relações objetivas externas.

Para o autor, não haveria diferença de natureza entre os fenômenos psicológicos e os fenômenos de espírito, mas apenas diferenças de grau, defendendo a Psicologia como ciência autônoma (ao contrário de Comte), que deveria estudar as manifestações psíquicas desde os níveis mais rudimentares até as funções mais desenvolvidas.

De acordo com sua perspectiva, haveria duas ideias chave na Psicologia: a relação entre organismo e meio e a continuidade dos fenômenos psicológicos. A inteligência teria origem na ação reflexa, que evoluiria para o instinto, e posteriormente para a memória e a imaginação, finalmente alcançando a manifestação mais complexa das funções psíquicas: a inteligência.

Assim é que, nos processos de desenvolvimento do indivíduo, a inteligência, entendida como a capacidade de uso da razão, seria a estrutura final resultante desta evolução. Para o autor (1870, p. 493):

> [...] a inteligência, em suas diferentes manifestações seria o resultado das relações entre os processos internos do organismo com seu ambiente. Todo desenvolvimento da inteligência nada mais é que o progresso de suas correspondências no espaço, tempo, complexidade, especialização e generalização.

Para Spencer, no desenvolvimento da razão, não existiria uma linha demarcatória que separaria os processos mentais mais complexos e os mais rudimentares, que distinguisse de forma radical o instinto e a razão. Coerente com uma perspectiva evolutiva, para o autor (Spencer, 1870, p. 573):

> toda ação inteligente constitui-se a partir da correspondência entre modificações internas e mecanismos externos, levando ao progressivo e gradativo ajuste na construção do espaço, tempo, especialização, generalização e complexidade. Assim é que as formas mais complexas da atividade psíquica desenvolvem-se lentamente a partir das mais rudimentares e não podem ser cientificamente analisadas separadamente.

Tal processo envolveria simultaneamente uma lenta e progressiva diminuição da dimensão automática dos instintos e ampliação do controle da ação, através da memória e razão.

O móvel desse processo evolutivo fundava-se, para Spencer, no acúmulo de experiências, o que explicaria tanto os processos de desenvolvimento do indivíduo como os do conhecimento humano. Fundado numa visão lamarkiana de transmissão de caracteres, a experiência seria determinante nos processos de desenvolvimento individual e social, em que a hereditariedade explicaria a transmissão através das gerações. Para o autor, segundo Gondermann (2007, p. 29): "as propriedades psíquicas são transmitidas biologicamente como a constituição física. Assim é que certos hábitos e inclinações são hereditários e dificilmente são aprimorados através da educação".

Sua perspectiva evolutiva no estudo dos fenômenos mentais voltou-se para a proposição de uma Psicologia que estudasse a evolução lenta e contínua do pensamento desde o homem primitivo ao civilizado (que em Spencer referia-se estritamente ao homem europeu moderno). Desse modo, para entender os processos evolutivos do indivíduo, Spencer não lançou mão de um estudo empírico que analisasse as transformações das funções psíquicas até a construção da Razão, da infância à idade adulta. Para entender a evolução do indivíduo, Spencer recorreu a um exaustivo levantamento de informações sobre os povos ditos primitivos, fornecidas pela Antropologia da época.

Trazendo tal perspectiva evolutiva para a compreensão das relações entre os distintos grupos raciais, Spencer afirma que: "[...] uma enorme diferença em complexidade e abstração separa os aborígenes. É hoje óbvio que os processos racionais expressos pelo europeu civilizado são inacessíveis ao aborígene da Nova Guiné ou Papua" (Spencer, 1855, p. 574).

Para Spencer, haveria uma homologia nos processos de desenvolvimento individual e social em que as crianças manifestariam os mesmos traços caracterológicos, psíquicos e morais das raças ditas primitivas. Em suas palavras na obra *Educação moral, intelectual e física* (1861, p. 159 apud Guedes, 1999, p. 113):

> não espereis da criança uma grande soma de bondade moral. Durante os primeiros anos, todo homem civilizado passa pelas fases do caráter, patenteados pela raça bárbara de que descende; como as feições da criança — o nariz chato, as narinas abertas, os lábios grossos, os olhos muito afastados, a ausência de *sinnuns* frontal etc. Parecem-me por certo tempo, com as feições do selvagem, assim se assemelham também seus instintos. Daqui as tendências para o roubo, para a mentira.

Processos de adaptação: progresso e regressão

Se no contexto vitoriano em que Spencer desenvolveu seus estudos as condições das camadas pobres ocupavam lugar central nos debates sobre a necessidade de reformas sociais e as dos ditos selvagens dominavam os discursos colonialistas, tais populações impunham um desafio na formulação da lei do progresso ou ao entendimento de que esta seria universal.

Cabe melhor apreender, nesse caso, a perspectiva evolucionista desenvolvida pelo autor. Se a lei do progresso explicaria os avanços da civilização europeia e, particularmente, de suas elites, porque outras culturas, ou grupos sociais no interior desta sociedade, não teriam atingido o mesmo grau de evolução? Seria essa evolução possível? Spencer, nesse caso, acaba por relativizar o peso e a universalidade da lei do progresso.

Se assim o fosse, os povos ditos primitivos e as populações pobres europeias, no contato com a civilização em seu percurso histórico, acabariam por adquirir os atributos não apenas técnico-científico, mas morais e cognitivos próprios dos indivíduos e sociedades civilizadas.

Diante dessa questão, Spencer distanciou-se progressivamente da perspectiva teleológica de August Comte. Enquanto este supunha que os estágios e a direção dos processos de desenvolvimento humano e social estariam já dados, para Spencer, as mudanças seriam devidas à ação do organismo, resultantes de processos adaptativos e não definidas *a priori*. No dizer de Ottavi: "a matéria viva para Spencer não se limita a concretizar as suas virtualidades, pois também acumula as mudanças comandadas pelas circunstâncias e pelo movimento que vai do simples ao complexo" (2000, p. 62). Tal perspectiva permitiu ao autor supor que a lei do progresso não seria dada, nem universal.

Para Gondermann (2007, p. 22): "Spencer não apenas fez uma descrição da evolução social caracterizando-a como fundada na lei do progresso, mas referiu-se em seus escritos a um processo de desenvolvimento degenerativo". Este processo seria explicativo do nível de atraso no nível de desenvolvimento atingido por outras raças e pelas camadas pobres da população europeia, tidos como fora da evolução (*outcasts of evolution*).

Nesse sentido, o conceito de adaptação, ressignificado à luz da perspectiva histórica regressiva é central na compreensão dos processos evolutivos e de sua teoria social. Para Spencer, haveria modos não progressivos de adaptação presentes em sociedades, raças e grupos sociais, explicativos das desigualdades no processo evolutivo. Gondermann aponta em Spencer uma visão mais ampla de adaptação que supunha ter duas direções distintas. Por um lado, um processo progressivo de melhoria nas condições de vida que caracterizaria tanto as sociedades civilizadas, quanto as elites. Por outro, um processo regressivo próprio das raças ditas primitivas e das populações pobres das sociedades civilizadas. A explicação das diferenças sociais estaria alicerçada na visão de que características psíquicas e somáticas dos selvagens e pobres seriam, ao mesmo tempo, causa e consequência dos processos adaptativos às suas condições de vida.

Desse modo, pode-se concluir, seguindo as orientações de Gondermann, que Spencer abandonou ao longo de sua obra a pressuposição da universalidade da lei do progresso, passando a combinar os dois mecanismos de progressão e regressão no seu entendimento da evolução social. De forma a explicar as desigualdades culturais e sociais, Spencer relativizou a lei do progresso, entendendo que, no processo histórico de desenvolvimento das sociedades, as forças evolutivas e degenerativas atuariam de acordo com as capacidades adaptativas das distintas culturas. Em suas palavras: "é possível e acredito que seja mais provável que a regressão seja tão frequente na evolução social quanto o progresso" (1876, p. 95 apud Gondermann, 2007, p. 27).

Coerente com tal premissa, os processos de desenvolvimento do instinto até chegar à inteligência descritos no livro: *Principles of Psychology* não seriam universais na espécie humana. O indivíduo, ao longo de seu desenvolvimento, incorporaria as potencialidades de sua raça e mesmo grupo social. No dizer de Ottavi (2000, p. 63), para Spencer, "o estatuto das diferentes raças articula-se com o do indivíduo psicológico: o indivíduo é determinado pela raça, o que equivale à civilização a que pertence".

O processo de desenvolvimento individual, para Spencer, estaria completamente submetido ao pertencimento sociorracial. Citando novamente Ottavi (2000, p. 63), "se Spencer reconhece à criança europeia as capacidades de se desenvolver, o dito primitivo não tem qualquer probabilidade de aceder à civilização complexa: o selvagem representa uma subdivisão da raça humana, uma paragem do progresso nessa direção".

Spencer, ao longo de sua obra, passa a ser cada vez mais influenciado por uma fisiologia comparada que teria forte impacto na Antropologia do período. A apregoada diferença no tamanho e no peso do cérebro entre distintas raças, afirmação que atravessou o século XIX sustentada pelos estudos da craniometria, foi adotada pelo autor. Haveria não apenas uma correlação entre as condições de vida e a aparência física, mas uma relação funcional segundo a qual "em conformidade com a lei segundo a qual o desenvolvimento dos órgãos dá-se na medida em que são exercitados, no homem de negócios ocorreu um incremento gradual da complexidade de suas feições, com crescimento do cérebro e diminuição da mandíbula [...] revelando o avanço da humanidade da bárbarie à civilização" (Spencer, 1912, p. 389).

À medida que o homem civilizado construiu ferramentas mais sofisticadas, estas teriam provocado mudanças no seu aspecto anatomofisiológico. Para Spencer, se o homem civilizado fazia uso do garfo e faca para sua alimentação, o selvagem papua usava as mandíbulas, o que as teria tornado mais proeminentes. O mesmo princípio lamarkiano de uso e desuso seria extensivo ao cérebro, que teria se desenvolvido mais no homem civilizado, fruto de sua suposta maior utilização. Nas suas palavras: "o tamanho do cérebro teria tido um incremento ao longo do desenvolvimento da humanidade, do selvagem até o civilizado, aumentando em cerca de 30% em relação ao tamanho original" (Spencer, 1852, p. 498 apud Gondermann, 2007, p. 24).

Para Spencer, as raças australianas, africanas e malasianas representariam o estado selvagem, indicando que nem todas sociedades teriam experimentado o mesmo processo de desenvolvimento. Ao relacionar o desenvolvimento social e craniológico, Spencer presumiu que os australianos representavam o estado original da humanidade e não teriam experimentado nenhum desenvolvimento social ao longo de sua história.

Baseado na lei do uso e desuso de Lamark, Spencer supôs, conforme Gondermann (2007, p. 25):

> [...] que o tamanho do cérebro, considerado o mais importante indicativo da inteligência e capacidade cultural era determinado pelas complexas demandas da estrutura social. Isso significava que a evolução social seria determinante também de uma evolução somática [...] neste sentido, Spencer introduz uma perspectiva evolucionista na estática hierarquia racial. Sua teoria da evolução social inverteu a perspectiva de determinação biológica tradicional, entendendo que o tamanho do cérebro seria função do desenvolvimento social. Para ele, a evolução social não seria função da evolução biológica, mas sua determinante.

Observa-se, portanto, uma inflexão do autor ao longo do desenvolvimento de sua obra. De um olhar otimista sobre os processos históricos fundados na lei do progresso, tida como "premissa metafísica inexorável" (Herman, 2001), passa a suspeitar dessa universalidade a partir das reflexões presentes na produção intelectual da segunda metade do século XIX. Como relata Herman (2001, p. 46); "É fácil imaginar a angústia de Spencer em 1858, quando lhe disseram que a segunda lei da termodinâmica, a chamada lei da entropia, indicava a impossibilidade do progresso contínuo, uma vez que toda energia no universo deveria se dissipar e a vida cessaria. Nas palavras de Spencer: "A afirmação de que quando o equilíbrio final fosse alcançado a vida cessaria deixou-me confuso [...] ainda estou transtornado" (Pick, 1989, p. 178 apud Herman, 2001).

Se os processos degenerativos estariam presentes na natureza, na sociedade tal perspectiva torna-se explicativa das desigualdades sociais. Os diferentes estágios de desenvolvimento civilizatório indicariam não mais um atraso a ser compensado pela lei do progresso, mas um processo degenerativo.

Apesar de manter em sua teoria uma perspectiva evolutiva fundada na lei do progresso, ao introduzir a possibilidade regressiva na relação de adaptação do indivíduo e da sociedade ao meio pôde, por essa via, melhor explicar as desigualdades sociais e raciais, supondo-as insuperáveis.

Ao entender a evolução como uma luta desigual, fundada na "sobrevivência dos mais aptos" (conceito incorporado pelo darwinismo), considera-se que alguns indivíduos e culturas, em função de um processo degenerativo, teriam menores condições de sobrevivência, fruto da especificidade de seus mecanismos adaptativos.

Se a divulgação da teoria evolucionista de Spencer é anterior a Darwin, com a publicação de *A origem das espécies*, sua perspectiva é renovada. O autor torna-se vivo divulgador da teoria da seleção natural, incorporando-a à sua produção e lançando as bases do que depois seria conhecido por darwinismo social. No dizer de Gondermann (2007, p. 21):

> Spencer foi um dos mais importantes formuladores e divulgadores do discurso vitoriano do evolucionismo social. Por um lado, o autor na defesa da sobrevivência dos mais aptos, rejeitava qualquer intervenção estatal na regulação social, construindo uma perspectiva estritamente individualista e liberal. Por outro, em sua visão, as sociedades se desenvolveriam através de mecanismos similares aos supostos por Darwin em *A origem das espécies*.

No entanto, Darwin em sua autobiografia assim refere-se a Spencer:

> Depois de ler um de seus livros, sinto em geral uma admiração entusiástica pelos seus talentos transcendentes e perguntei a mim mesmo muitas vezes se ele irá num futuro distante ficar no mesmo plano que grandes homens como Descartes, Leibniz etc. No entanto, não estou consciente de ter tirado algum proveito de suas obras no meu trabalho. O seu modo dedutivo de tratar todo e qualquer assunto é completamente oposto a meu modo de pensar. As suas conclusões nunca me convencem [...] As suas generalizações fundamentais as quais creio podem ser muito valiosas sob um ponto de vista filosófico, são de tal natureza que não me parecem ter qualquer utilidade estritamente científica. Têm mais características comuns com definições do que com leis da natureza. Não ajudam a prever o que vai ocorrer em cada caso particular. De qualquer modo não me serviram para nada (Darwin, 2004, p. 97).

O caráter metódico, rigoroso, calcado na coleta sistemática de dados que caracteriza a trajetória de pesquisa de Darwin só poderia se opor à perspectiva generalizante e pouco cuidadosa de Spencer.

A lei de progresso constituiu a expressão da visão europeia do seu processo histórico ao longo do século XIX. Na medida em que tais sociedades ou civilizações seriam representantes do estágio mais avançado de desenvolvimento histórico humano, manifesto em suas conquistas tecnológicas e científicas, elas corporificariam os princípios da lei do progresso aplicadas à vida social.

Homem de seu tempo, exemplar de uma visão de mundo vitoriana, Spencer não se deteve no estudo dos processos de evolução social e individual. Coerente com seus princípios, advogava uma não intervenção do Estado na sociedade. Por um lado, considerava a lei da sobrevivência dos mais aptos como a que ocorre na natureza em que as espécies mais adaptadas triunfariam; nas sociedades, as populações capazes de melhor se adaptar e que historicamente construíram um patrimônio genético hereditariamente transmitido, sobreviveriam. Por outro, considerando os processos regressivos, seria inútil o Estado intervir junto a populações constitutivamente menos aptas a sobreviver. Em suas palavras, ainda em seus primeiros escritos (Spencer, 1842 apud Richards, 1987, p. 254): "Há na sociedade um princípio de autoajustamento segundo o qual a interferência do homem na natureza externa destrói seu equilíbrio e produz maiores prejuízos do que aqueles que se pretende evitar com tal ação, assim a regulação das ações sociais através da legislação só traz miséria e confusão".

Esses argumentos explicam por que Spencer foi árduo oponente da intervenção do Estado na educação, que deveria ficar a cargo das famílias do século XVIII.[15] Fundado num individualismo e liberalismo radical, segundo Guedes:

> Spencer considera que não fazem falta as reformas sociais, nem a intervenção do Estado — a seleção social atua por si mesma [...] quem não for suficientemente forte para subsistir, deve sucumbir. O que Spencer pretendia era uma sociedade vinculada historicamente às condições do capitalismo da época, de livre concorrência, mas apoiada por teorias biológicas (1999, p. 73).

---

15. Comentadores da obra de Spencer, como Richards (1987), apontam que o insucesso de Spencer na vida acadêmica ajudaria a explicar sua negação da importância da educação.

Spencer pode ser considerado um dos principais representantes do chamado liberalismo cientificista, perspectiva que se fez fortemente presente a partir da segunda metade do século XIX. No diálogo com o darwinismo social propugnado pelo autor, a teoria político-econômica liberal sofreu uma inflexão em que os princípios da ciência biológica passaram a informar não apenas uma leitura sociológica, mas uma prática política. Assim é que o liberalismo cientificista ressignificaria e configuraria uma nova roupagem aos princípios das teorias político-econômicas do liberalismo clássico do século XVIII, justificando e naturalizando as desigualdades sociais.

Para Plotkin (2008, p. 27): "Spencer forneceu os fundamentos para a agressiva naturalização das ciências sociais, ao entender a relação entre natureza e a cultura como determinada por mecanismos estritamente biológicos".

Sua leitura teria constituído a primeira proposição de uma abordagem naturalística da cultura humana, tradição que, ainda que assentada em novos referenciais das ciências naturais contemporâneas, ainda se faz presente nos estudos da Sociobiologia.

Por outro lado, informou a tradição política de não intervenção do Estado na vida social que teve (e ainda tem) enorme aceitação, especialmente na vertente neoliberal norte-americana.

4

Estudos monográficos: a produção de um dicionário biográfico da criança

> *A criança de hoje traz a chave do nosso império amanhã: a criança que hoje é, será o cidadão dos anos que virão e deverá conduzir a direção do progresso bem como manter os altos padrões de pensamento e conduta, assim como todas as outras necessidades para perpetuação da raça imperial.*[1]

A partir de 1870, a fertilidade do estudo da infância configurou uma tradição de investigações de caráter monográfico em torno dos processos de desenvolvimento do indivíduo nos anos iniciais.

As primeiras produções descrevendo o desenvolvimento humano, além dos estudos anteriormente citados, assumiram caráter narrativo em trabalhos baseados em observações individuais de crianças, em situações cotidianas ou, mais exatamente, observação de filhos dos pesquisadores. O objetivo era a descrição do aparecimento de comportamentos como raiva, medo, atenção, linguagem etc. Tinha-se em vista o estudo do desenvolvimento numa perspectiva genética, porém ancorada na observação sistemática dos primeiros anos de vida, entendidos como

---

1. In: The Child: welfare annual. London: *The child*, 1910, p. vii.

cruciais para a emergência de faculdades e comportamentos caracteristicamente humanos.

Becchi (2004, p. 127) define tais relatos como: "[...] textos de adultos que escrevem sobre crianças segundo um fio cronológico prevalentemente ligado ao desenvolvimento da criança que constitui o objeto da escritura". A autora chama atenção para outra dimensão bastante frequente nesse material, a "[...] estreita comunhão de lugares e situações experimentados pelo adulto que escreve a criança que é narrada, adulto este que tem uma competência (social, pedagógica ou terapêutica) em relação à criança" (p. 128).

A autora destaca a complexidade da ordem do tempo descrita nesses diários. Alguns constituem um registro posterior, fundado em anotações colhidas em tempo real, outros acompanham o desenrolar do cotidiano infantil. Mas subjaz a tais textos o caráter de descrição das etapas da vida registradas por um observador que as protocola e seleciona segundo esquemas previamente definidos e não a crônica de um sujeito.

No dizer de Becchi: "nessas observações, a comparação, a catalogação e a análise das condutas estão no centro da escritura e a abordagem evolutiva é exercitada sobretudo sobre os mais novos, que não sofrem intervenções de superestruturas culturais, mais naturais e, portanto, garantia de pureza empírica para quem estuda" (Becchi, 2004, p. 138).

Assim é que o registro do adulto tem em vista não a escrita, com fins memorialísticos, do percurso de vida de um indivíduo, mas o registro, a partir da observação de situações naturais, do percurso evolutivo ontogenético da espécie. É um projeto científico que guia e define os protocolos de observação.

Tais diários tornam-se cada vez mais comuns ao final do século XIX. No entanto, a tradição de estudos monográficos produzidos por cientistas, com base na observação sistemática e do registro do desenvolvimento de crianças, inicia ainda no século XVIII. Destaca-se Dietrich Tieldmann, professor alemão de Filosofia que, em 1787, publicou um relato pioneiro, contendo observações sobre o desenvolvimento do seu filho, Friederick,

DESENVOLVIMENTO HUMANO

intitulado: *Tieldmanns record of infant life*.[2] Tieldmann era interessado no estudo ontogenético do desenvolvimento da razão, questão que o motivou a fazer o registro do desenvolvimento da capacidade mental de seu primeiro filho. O filósofo explicitou estar publicando um estudo incipiente que apenas indicava um caminho de investigação a ser desenvolvido em pesquisas posteriores por outros autores.

A originalidade do trabalho de Tieldmann consistia não apenas no registro da observação, mas na construção de metodologia investigativa, em que o autor destacava, no conjunto dos comportamentos observados em seu filho, aqueles que deveriam ser objeto de análise científica. Tieldmann era seguidor de Locke, e seus registros constituíam um referendo empírico à perspectiva epistêmica do filósofo.

As observações de Tieldmann certamente incorreram no que William James definiu como o maior problema dos estudos monográficos sobre a criança: o de projetar no sujeito infantil observado dados supostos pelo observador adulto. Porém, sua importância não reside nos dados recolhidos e sim no ato precursor de recolha, observação, registro e análise do desenvolvimento infantil, perspectiva que adquiriria maior força na segunda metade do século XIX.[3]

Nesse momento, a emergência de vários estudos sobre os processos de desenvolvimento humano fundados numa perspectiva monográfica ancorava-se nos pressupostos da teoria da recapitulação. Em obras anteriores, como o estudo de Spencer *Principles of Psychology* (1855), a compreensão do desenvolvimento ontogenético sustentava-se no estudo de registro de antropólogos e viajantes sobre o comportamento dos povos primitivos, entendidos como analógicos aos processos de desenvolvimento ontogenéticos. Como destacado no capítulo anterior, não se fazia

---

2. A criança retratada tornou-se, quando adulto, importante anatomista na primeira metade do século XIX, tendo desenvolvido estudos sobre o desenvolvimento cerebral. Segundo Gould (1999), Tieldmann foi um dos poucos cientistas do século XIX que, a partir de seus estudos experimentais e de uma posição moral, defendia a igualdade cognitiva entre as raças, afirmando que o negro tinha as mesmas capacidades mentais que o branco.

3. Em 1890, Bernard Perez, também autor de uma obra sobre desenvolvimento infantil com base na observação de uma criança, traduziu a obra de Tieldmann para o francês, analisando-a.

qualquer referência empírica ao desenvolvimento da criança. Na segunda metade do século, a perspectiva metodológica desloca-se.

À medida que passou a haver um paralelismo entre o desenvolvimento do indivíduo e o da espécie, acreditava-se que, através da observação da criança nos primeiros anos de vida, seria possível rastrear a herança da espécie humana. No dizer de Stewart (apud Bradley, 1989, p. 25): "se consideraba al ser humano en desarrollo como un museo natural de la historia natural humana".

Se os estudos experimentais desenvolvidos por Von Baer e a teoria da recapitulação formulada por Haeckel forneceram os referenciais teóricos dos quais seria possível apreender o processo de desenvolvimento humano, fazia-se necessário, no interior dessa perspectiva genética, demarcar a emergência e evolução das funções e faculdades caracteristicamente humanas em estudos realizados com base na observação rigorosa e registro do cotidiano infantil nos primeiros anos de vida.

Taine e o estudo da gênese da linguagem

Um marco dessa produção da segunda metade do século XIX foi a publicação por Hypolite Taine[4] do artigo: Note sur l'aquisition du langage chez l'enfant et dans l'espece humaine,[5] no primeiro número da *Revue Philosophique*. Taine dá início a esta fecunda produção de estudos monográficos sobre a criança, de uma "perspectiva arqueológica" (Ottavi, 2004), na qual se objetivava investigar a infância para compreender a origem do homem. O interesse volta-se não para o conhecimento da criança em si, mas para a investigação da emergência e desenvolvimento de faculdades humanas, analisadas como correlatas às das demais espécies.

---

4. Taine era importante estudioso da linguagem e da literatura, ao mesmo tempo que participava do debate sobre as diferenças raciais, defendendo a posição poligenista.

5. In: *Revue Philosophique*, t. 1, p. 5-23, jan./jun. 1876. Essa revista destacou-se como instrumento de promoção da Psicologia experimental, tendo sido editada por T. Ribot.

Nessa direção, Taine, a partir de uma perspectiva evolucionista materialista, toma como objeto de estudo a gênese do espírito e da linguagem, entendendo-os como resultantes de um desenvolvimento progressivo derivado de formas inferiores de vida.

Partindo desses pressupostos, observou sistematicamente sua filha, no decorrer de dois anos e meio, registrando a evolução da linguagem e da inteligência. Segundo Ottavi (2004, p. 72): "[...] seu objetivo é observar uma criança particular enquanto modelo e exemplo, fazendo emergir a noção de um desenvolvimento cronologicamente organizado em etapas sucessivas. O motor é a procura de fatos e leis no domínio psicológico".

O autor já havia publicado em 1870 o estudo: *De l'intelligence*, em que pressupunha que, para desenvolvimento de pesquisas sobre o tema, fazia-se necessário: "[...] observar nas crianças, com todo o pormenor, a formação da linguagem, a passagem do grito aos sons articulados, a passagem dos sons articulados desprovidos de sentidos aos sons articulados com sentido, os erros e singularidades das suas primeiras palavras e das suas primeiras frases" (1870, p. 17 apud Ottavi, 2004, p. 73).

O autor explicitava o papel dos estudos monográficos como recurso metodológico de investigação sobre a gênese das faculdades humanas e a centralidade da análise dos momentos de passagem na apreensão da emergência da inteligência e da linguagem, compreendidas como duas dimensões articuladas do mesmo processo de desenvolvimento. Em suas palavras: "as lacunas que a linguística apresenta hoje, sobretudo nas questões de origem, só serão provavelmente preenchidas quando os observadores, tendo constatado por meio da psicologia a natureza da linguagem, verificarem os pormenores mais ínfimos da sua aquisição pelas crianças" (Taine, 1870, p. 20 apud Ottavi, 2004, p. 75).

As observações da filha de Taine, no dizer do pai/autor, uma criança cujo desenvolvimento foi "normal, nem precoce, nem tardio" evolui até os 2 anos, quando, então, teria atingido um estado mental próximo ao do desenvolvimento dos povos primitivos.

O autor compartilhava de uma perspectiva evolucionista que relacionava o desenvolvimento do indivíduo ao da espécie e da raça, ancorado numa metodologia comparativa. Nessa direção, embora não citasse

Haeckel, elaborou da seguinte forma a relação entre o homem e os outros animais e entre as diferentes raças que comporiam a espécie humana: "o que distingue o homem dos animais é que, tendo começado como animais por interjeições e imitações ele chega às raízes que os animais não atingem. Ora, trata-se de uma diferença de grau, análoga à que separa uma raça bem dotada como os gregos e os arianos de uma raça mal dotada como os australianos e os papua, análoga à que separa o homem de gênio de um rústico" (apud Ottavi, 2004, p. 393).

Taine formulou uma aplicação da teoria da recapitulação ao estudo da linguagem, articulada a uma visão evolucionista da relação entre as raças, em que os australianos representariam "o último dos homens", estabelecendo uma comparação hierárquica com os diferentes níveis de desenvolvimento do indivíduo civilizado. A esse respeito, construiu uma escala evolutiva do cérebro em que estariam numa extremidade o operário "pesado e limitado" e, na outra, o "matemático prodígio". Essa perspectiva de análise era estendida ao campo da Estética, da qual se estabeleciam diferentes graus de elaboração das obras de arte produzidas pelas diversas culturas.

Cabe destacar que Taine foi o primeiro autor a construir um estudo evolutivo dos processos de desenvolvimento do indivíduo de um referencial sustentado na ainda incipiente psicologia. O autor rompeu com a visão anterior em que o registro antropológico ancorava a apreensão dos processos de desenvolvimento humano, indicando o nascer da Psicologia genética.

A publicação do estudo de Taine encontrou enorme repercussão, dando origem ao que o psicólogo James Sully, fundador dos *child studies*, denominou "um grande dicionário biográfico da criança", com a afirmação de uma linha de pesquisa calcada na acumulação de estudos monográficos. Estes encontraram na revista *Mind* e na *Revue Philosophique*, editada por Ribot, espaços de divulgação.

Para Ottavi (2004), o interesse desperto pelos estudos psicogenéticos na perspectiva evolutiva e no diálogo com a teoria da recapitulação conferiria à Psicologia nascente uma aproximação com as ciências mais avançadas da época, destacadamente a Biologia evolutiva e a Embrio-

DESENVOLVIMENTO HUMANO

logia. Ainda para o mesmo autor: "a *Revue Philosophique* contribuiu para instalar na paisagem intelectual um ponto de vista genético, investido de um desafio arqueológico. A origem da alma, enquanto devir e evolução, apreende-se nos fatos, no crescimento da criança" (Ottavi, 2004, p. 98).

Darwin e a psicogênese

Influenciado pelo artigo de Taine, Darwin publicou o texto intitulado: A Biographical Sketch of an Infant, na revista *Mind*, em 1877, no qual reconheceu a importância do trabalho de Taine para a decisão de divulgação de seu artigo. Em suas palavras,

> a interessantíssima síntese do Sr. Taine sobre o desenvolvimento mental de uma criança, traduzida no último número da revista *Mind*[6] levou-me a retomar o diário dos meus filhos que escrevi há 37 anos. Encontrava-me em excelentes condições para efetuar uma observação ao vivo e escrevia, mal observava. As minhas primeiras observações incidiram na expressão, mas como também prestrava atenção a outros aspectos, as minhas observações podem ter algum interesse comparadas com as do Sr. Taine e as de outros, que sem dúvidas se virão a fazer (1877, p. 5).

Nesse breve artigo de nove páginas, Darwin propôs-se a "uma representação em pequena escala de todos aqueles importantes temas *metafísicos* que o haviam preocupado em seus cadernos de notas escritos 40 anos antes" (Bradley, 1989, p. 35).

Tais cadernos, escritos a partir de 1837, após o regresso de sua viagem de cinco anos como naturalista a bordo do navio de guerra *Beagle* — viagem

---

6. A revista *Mind* traduziu o artigo de Taine, publicando-o no número 2 do periódico, editado pela Universidade de Oxford. A posterior publicação do texto de Darwin encorajou o editor do periódico a solicitar outros artigos sobre o tema, dando origem aos artigos: Pollock, F. An Infant Progress in Language, *Mind*, v. 3, p. 392-399, 1878; Sully, James. Mental Development in Children, *Mind*, v. 5, p. 385-386, 1880; Champweys, F. H. Notes on an Infant, *Mind*, v. 6, p. 104-107, 1881. Vide Wooldridge, 1994, p. 27.

esta que definiria os rumos de sua investigação posterior — buscavam registrar e organizar suas ideias sobre a História natural. Entre eles, os cadernos intitulados M e N tratavam de aspectos diferenciados, contemplando fenômenos psicológicos, morais, estéticos e metafísicos. Segundo Bradley (1989, p. 27): "lejos de ser intereses marginales de un hombre preocupado por la biologia como asunto mas importante, estan escritos por alguien que denomina a los misterios del corazón humano, 'la ciudadela misma'".

Para Darwin, à época, o estudo dos animais seria uma forma indireta de explorar a constituição e possibilidades da espécie humana. Porém em sua avaliação, carecia de dotes para o estudo dos processos mentais superiores.

Nesses cadernos, Darwin mergulha em temas como a aquisição e transmissão de hábitos, sentimentos e condutas, transtornos mentais, chegando a fazer registro de sonhos e das recordações de sua infância, de forma a apreender fenômenos que ultrapassavam a consciência. Progressivamente, tais registros foram se mostrando concentrados no estudo das atitudes e condutas de crianças pequenas, na defesa da perspectiva de que tais comportamentos seriam herdados e não adquiridos através da experiência, o que demandaria uma perspectiva genética de análise.

Diretamente influenciado pela perspectiva sensualista britânica de Locke e principalmente Hume, que advogava a continuidade entre os processos mentais humanos e animais, Darwin entendia que a diferença entre as faculdades intelectuais do homem e das demais espécies seria do grau de complexidade, configurando um hiato (termo usado pelo autor) entre ambos processos cognitivos (Richards, 1987). O intelecto seria resultante de "uma modificação dos instintos, uma generalização dos meios através dos quais um instinto seria transmitido" (N notebook, MS, p. 49 apud Richards, 1987, p. 109). Para Darwin, só seria possível tratar tal questão de uma perspectiva evolucionista.

Assim é que, com o nascimento do primeiro filho, em 1839, William, apelidado Doddy, Darwin deu início ao registro sistemático de suas ações. No dizer do autor em sua autobiografia (2004, p. 121):

O meu filho nasceu em 1839 e comecei imediatamente a fazer apontamentos sobre o despontar das várias expressões que exibia, porque estava convencido, mesmo naquele período, de que as expressões mais complexas devem ter tido uma origem gradual e natural. Não estava em absoluto de acordo com a convicção de que diversos músculos teriam sido especialmente criados para a expressão.

O diário dos primeiros anos de vida de Doddy não constituía, portanto, expressão do interesse de um pai envolvido com questões científicas, mas de um cientista que recolhe dados a partir da observação.

Embora as observações se concentrassem em condutas instintivas, Darwin fez também registro de ações que pareciam aprendidas ou modificadas pela experiência, como o medo. Na escrita das primeiras manifestações da razão, assim observou: "20 de abril (con 114 días de edad) — Se llevó mi dedo hasta su boca y como de costumbre, no podía meterlo, teniendo en cuenta que su propia mano estaba obstaculizándole el camino: entonces deslizó su propia mano hacia atrás y así sí consiguió meterse mi dedo — no fue una causalidad y por conseguiente sí un tipo de razonamiento"[7] (Bradley, 1989, p. 29).

Nos diários e posteriormente no artigo publicado, Darwin fez uma detalhada descrição das manifestações da criança em distintos aspectos: emoção (raiva, medo), razão, movimento, modos de comunicação, estando preponderantemente atento à sua gênese e articulação com o comportamento das demais espécies. São presentes poucos registros interpretativos, sendo o texto concentrado na notação da observação. Verifica-se a priorização da escrita e análise das formas de comunicação da criança, anteriores à emergência da linguagem, especialmente o fenômeno da expressão.

No artigo publicado na revista *Mind*, Darwin defendia a ideia de que as formas comunicativas humanas, entre as quais a linguagem, constituiriam uma evolução das formas presentes também nas demais espécies. Por

---

7. 20 de abril (com 114 dias de idade) — Ele pegou meu dedo e o levou a sua boca e como de costume, não conseguiu colocá-lo na boca, visto que sua própria mão estava no caminho: então ele deslizou sua própria mão para trás e assim conseguiu pôr meu dedo em sua boca — isso não foi uma casualidade, mas sim um tipo de raciocínio.

outro lado, a expressão da emoção pela criança era tomada como fenômeno espontâneo e observável e o estudo de sua evolução constituiria uma porta aberta para a compreensão do desenvolvimento da vida mental.

De uma perspectiva evolucionista, no diálogo com Taine seria possível apreender a transição das formas animais para as humanas no estudo do desenvolvimento das expressões da criança pequena. Com o registro do desenvolvimento de Doddy, Darwin pretendia provar que as mesmas forças evolutivas atuavam em ambas as espécies. O estudo da criança associava-se à análise da história da espécie, perspectiva que dialogava com a posição de Haeckel, com quem Darwin correspondia-se. Embora os registros tanto do caderno de notas quanto do diário de observações do desenvolvimento de seu filho não tenham sido incorporados por Darwin na publicação de *A origem das espécies*, em 1859, eles se fizeram presentes em duas obras correlatas posteriores: *The expression of emotion* (1872) e *The descent of man* (1871).

A ausência de tal tema que tanto envolvera Darwin anteriormente se explicava pela característica cautela do autor. Na obra *A origem das espécies*, o biólogo teria evitado controvérsias inoportunas, deixando de lado a discussão sobre a mente humana. Os dados evolutivos recolhidos em sua obra maior derivariam não de fontes psicológicas, mas de questões de ordem geológica, paleontológica, de distribuição geográfica das espécies zoológicas e do estudo dos animais domésticos. Porém, no último capítulo do livro, afirmava: "En un futuro lejano veo el campo abierto a investigaciones mucho más importantes. La psicologia se basará en nuevos fundamentos, que tiene que ver con la adquisición necesaria de cada faculdad mental y capacidad de gradación. Se conocerá con más claridad el origen del hombre y sus historias"[8] (apud Bradley, 1989, p. 39).

Por outro lado, segundo Richards (1987), Darwin tinha dificuldade na discussão de temas tidos como "abstratos e metafísicos". O biólogo, em sua autobiografia, chega a afirmar que: "minha capacidade de seguir uma trajetória de pensamento abstrata é muito limitada" (2004, p. 104).

---

8. Em um futuro longínquo vejo o campo aberto a pesquisas muito mais relevantes. A psicologia se baseará em novos fundamentos, relacionados com a aquisição necessária de cada faculdade mental e capacidade de gradação. Se conhecerá com mais clareza a origem do homem e suas histórias.

DESENVOLVIMENTO HUMANO

Assim, temas como mente humana, especialmente considerando a perspectiva filosófica com que eram tratados à época, não se coadunavam com seu perfil científico. Todas essas questões apontavam que, na obra de Darwin: "o homem não era seu melhor tema" (Loren Eiseley, 1979, p. 202 apud Richards 1987, p. 71).

Cabe entender o registro do desenvolvimento de seu filho e a publicação do breve ensaio como parte de um projeto maior, encarado inicialmente com reservas pelo autor, de compreensão da evolução da espécie humana, correlato ao que desenvolveu na obra *A origem das espécies*. Seu cuidado expressava o temor ao recurso dos instrumentos teórico-metodológicos da Biologia no estudo do ser humano. Por outro, o interesse pelo tema redundou na publicação da obra *The descendent of man*, em que tal projeto tomou forma.[9]

Em suas palavras: "Logo que ficara convencido, em 1837 ou 1838, de que as espécies eram produções mutáveis, não pude evitar a convicção de que o homem era abrangido pela mesma lei [...] teria sido inútil e nocivo para o sucesso do livro ter exibido sem fornecer qualquer evidência a minha convicção relativa à origem do homem. Mas quando me apercebi de que muitos naturalistas aceitavam inteiramente a doutrina da evolução das espécies, pareceu-me conveniente trabalhar os apontamentos que possuía e publicar um tratado particular sobre o origem do homem" (Darwin, 2004, p. 120).

Outro tema que interessou a Darwin na observação dos seus filhos, principalmente após o nascimento da irmã de Doddy, foi a emergência das diferenças individuais. Impressionado, tomou-as como objeto de registro. Nessa direção, tendo em vista a perspectiva evolucionista da época, considerava que se a seleção natural aperfeiçoaria as faculdades intelectuais do ser humano, "deveria ser possível acompanhar o desenvolvimento das faculdades desde o animal inferior até o homem civilizado" (Ottavi, 2004, p. 112).

Assim é que, se não avançou nessa perspectiva investigativa, Darwin compartilhava da visão de um evolucionismo monogenista, de acordo

---

9. Os estudiosos de Darwin reputam a esse livro o caráter de "obra menor", em que o autor inclusive lança mão de referências lamarkianas (entrevista oral com o geneticista Sérgio Danilo Pena, 2008).

com o qual o homem civilizado constituiria o ápice do processo, estabelecendo-se uma hierarquia entre as diferentes raças, tanto referente ao grau de desenvolvimento quanto ao alcance de suas faculdades mentais. Posteriormente, Darwin afirmou que pouco importava diferenciar se a espécie humana seria única, composta por diferentes raças ou constituída por espécies diferenciadas, cabendo, na verdade, analisar as diferenciações. O biólogo, diante de tal polêmica, optava pela utilização do termo subespécie para marcar a distinção entre as raças (Richards, 1987).

O tratado psicogenético de Preyer

À publicação dos breves estudos de Tayne e Darwin, seguiu-se o investimento em estudos congêneres que continuaram encontrando na *Revue Philosophique* importante espaço de difusão. Mas foi a obra de Wiliam Preyer o primeiro estudo monográfico de maior fôlego, dando início a uma produção não mais situada no campo da Biologia, como o trabalho de Darwin, ou dos estudos da linguagem, caso de Taine, ou da Filosofia, perspectiva da obra de Tieldmann. A sustentação da obra de Preyer dava-se a partir de um olhar diferenciado que originou a Ciência Psicogenética. Para alguns historiadores do campo, seu trabalho pode ser considerado o primeiro estudo psicogenético propriamente dito (Cairns, 1987).

Preyer analisou a emergência das faculdades humanas não mais relacionando-a às demais espécies, mas buscando compreender o desenvolvimento humano em seus próprios termos. Em suas palavras: "Eu me propus, alguns anos atrás, o desafio de estudar a criança de acordo com a perspectiva da psicologia, com o objetivo de chegar à exploração dos diferentes processos vitais" (Preyer, 1881, p. IX).

Em 1881 Preyer publicou a obra *The Mind of Child: Observations Concerning the Mental Development of the Human Being in the First Year*, no qual fez uma descrição detalhada e rigorosa do desenvolvimento de seu filho nos seus primeiros três anos, dando especial atenção ao desenvolvimento dos reflexos e dos comportamentos (destacadamente a linguagem). Segundo o autor, "Eu fiz um diário completo do meu filho, desde o nascimento, até completar 3 anos de idade. Para isso, ocupei-me com sua observação, quase todos os dias, afastando-o na medida do possível dos treinamentos recebidos pela criança nessa idade. Tal diário constitui a substância desse livro" (Preyer, 1881, p. X).

Na verdade, Preyer era fisiologista e colega de Haeckel na Universidade de Jena e conhecedor de sua obra. Seu interesse pelo estudo da criança tinha em vista também a compreensão dos processos de desenvolvimento não estritamente humanos. Tanto que publicou, em 1885, o trabalho *The Special Physiology of the Embryo*, compreendidos pelo autor como complementar ao estudo psicogenético, embora as investigações fossem aplicadas a campos distintos.

Em suas palavras, "Eu me propus o estudo da infância tanto contemplando o estudo pré-natal, como o pós-nascimento, de acordo com uma perspectiva fisiológica. A separação de tais investigações faz-se necessária pois a vida embrionária é essencialmente diferente da vida do bebê após o nascimento (apud Cairns, 1987, p. 33).

Ao mesmo tempo, publicou também em 1881, na *Revue Philosophique*, uma síntese de suas investigações no artigo Psychogenesis, em que defendia a ideia de que o ser humano ao nascer, ao contrário do que supunham Locke e os sensualistas, não era uma tábula rasa, mas seu processo de desenvolvimento teria como base fatores hereditários. Para ele, "É possível perceber a importância central da herança familiar no desenvolvimento do indivíduo, que não constitui produto dos sentidos [...] a hereditariedade é aspecto tão fundamental na gênese do desenvolvimento mental como a atividade do indivíduo" (Preyer, 1881, p. X).

A perspectiva hereditária de Preyer era, portanto, maleável, em que supunha que nos seres humanos haveria o que denominou "mecanismo hereditário plástico", presente na atividade do indivíduo, determinante de mudanças nos processos de desenvolvimento. Ou seja, herança e experiência fundadas na ação do indivíduo seriam vetores dos processos de desenvolvimento ontogenéticos.

Sua obra centrou-se na análise desses dois mecanismos. Em suas observações, tomou como foco o desenvolvimento da vontade, dos sentidos e da linguagem em sua relação com a inteligência. A atividade da criança seria, para o autor, indicativa do grau de desenvolvimento das faculdades e especialmente da inteligência.

Os registros da observação de Preyer são bastante ilustrativos de uma perspectiva Psicogenética, voltados para tentativa de compreensão do significado da ação da criança, através de uma descrição detalhada:

> Mesmo no sexto mês o ato de adaptação era ainda observado, o qual não pode ser considerado nem acidental, nem inteiramente voluntário. Tal ação da criança mostra-se indicativo do desenvolvimento avançado da compreensão da alimentação[10] mesmo na ausência do conhecimento da palavra. Quando a criança, após diversas experiências descobriu que o leite que desejava tomar era menos abundante, utilizou firmemente suas mãos, de forma a pressionar o aumento do volume do líquido. É claro que não havia nenhum *insight* de conexão causal, a experiência foi desenvolvida acidentalmente, mas a medida que foi bem sucedida, foi utilizada em outras ações.
>
> Outra ação ocorreu aos sete meses de idade, revelando um inequívoco e elaborado ato intencional, na ausência da linguagem. A criança não podia alcançar seus brinquedos com as mãos, pois estavam numa altura superior. Ele então utilizou um outro objeto para puxar os brinquedos e trazê-los até suas mãos. Neste caso, ele não podia pensar utilizando palavras, uma vez que ele não dominava ainda a linguagem. O pensamento da criança parece menos intensivo e mais extensivo que do adulto, mas de maneira nenhuma sua ação é desprovida de lógica.
>
> As dificuldades no desenvolvimento das ações das crianças podem ser entendidas como "resultantes da falta de experiência e não da ausência de inteligência" (Preyer, 1881, p. 132).

Assim é que, nos registros de Preyer, se faz presente uma preocupação de buscar compreender a lógica da criança, entendendo-a não como manifestação de uma inteligência ausente ou inferior em relação à inteligência do adulto, mas qualitativamente diferente. Preyer, à semelhança do

---

10. Aspecto descrito neste registro.

que escreveu posteriormente Piaget, fazia referência à lógica infantil. Esta seria manifestação de uma inteligência derivada da ação, na ausência da linguagem, um dos pressupostos centrais do autor. Ou seja, a inteligência seria não apenas anterior, mas constituiria uma das bases da linguagem.

Como destacado anteriormente, ao contrário da perspectiva dos estudos biográficos de Taine e Darwin, Preyer recusava o estudo comparativo com outras espécies por considerá-lo inútil para compreensão dos processos de desenvolvimento humanos. Nesse sentido, ao conferir centralidade à descrição e estudo da atividade infantil, demonstrativa de uma lógica da criança diferenciada tanto da lógica adulta, quanto das formas de conhecimento das demais espécies, Preyer conferiu estatuto próprio à criança. Ao destacar a originalidade e complexidade das formas de perceber e conhecer o mundo próprios à infância, Preyer rompeu com a tradição anterior e inaugurou uma perspectiva propriamente psicológica de análise dos processos de desenvolvimento humano.

Preyer elaborou uma análise psicogenética que antecipava alguns dos conceitos que seriam posteriormente desenvolvidos por Piaget e Vygotsky, conferindo originalidade à lógica infantil. Porém seu olhar não se confunde com o dos autores de estudos psicogenéticos desenvolvidos ao longo do século XX. Como observa Ottavi (2004, p. 147), "[...] para Preyer a criança é ainda alguém a quem o cientista faz perguntas sobre a gênese do homem, o que representa uma importante diferença do ponto de vista dos psicólogos que o seguirão, cuja preocupação será conhecer melhor a criança para a educar".

O estudo do autor tinha em vista a questão posta numa perspectiva mais ampla, de análise dos processos evolutivos humanos e não a formulação de uma psicologia da criança. Mesmo assim, tal campo de investigação só tornou-se possível a partir do estudo do autor.

O interesse do autor por questões psicogenéticas teve continuidade em sua obra, com a publicação, em 1895, do estudo: Zur Psychologie des Schreibens: Mit besonderer Rücksicht auf individuelle Verschiedenheiten der Handschriften (Sobre a psicologia da escrita: com especial referência às diferenças individuais nos manuscritos).

Apesar de avançarem no trabalho de descrição do desenvolvmento de faculdades essenciais à compreensão do ser humano, os estudos monográficos mostravam insuficiência científica, se considerarmos o modelo de ciência dominante no século XIX. Careciam de utilização de técnicas e instrumentos de medida e pouco precisavam, de maneira objetiva, os fenômenos psíquicos observados. Quantificação e objetivação, palavras-chave capazes de conferir *status* científico a um campo de investigação constituíram os norteadores dos processos de construção da chamada Psicogenia, o que determinou um diálogo significativo com a estatística, capaz de oferecer instrumentos metodológicos para estudos populacionais.

5
O saber estatístico e o estudo dos processos de desenvolvimento humano

> *Para obter uma representação acurada, a pesquisa estatística deve acompanhar o indivíduo ao longo de sua existência. Deve ser registrado seu nascimento, batismo, vacinação, sua escolarização, sua saída da escola e posterior educação e desenvolvimento e, ao tornar-se adulto, seu físico e capacidade de portar armas.*
>
> Ernst Engels (1862)

A construção de referenciais científicos para os estudos sobre desenvolvimento humano no século XIX envolveu o diálogo com distintos campos do conhecimento, de forma a garantir consistência teórico-metodológica e legitimidade acadêmica ao campo em formação.

Se a Biologia forneceria o aparato teórico a tais estudos, a Estatística, mais exatamente a Estatística social, viabilizaria as ferramentas metodológicas que possibilitaram a construção de investigações sustentadas num viés quantitativo, permitindo abarcar grandes populações e estabelecer resultados comparativos. No estudo das capacidades humanas a Estatística, por um lado, tornaria possível a quantificação, mensuração e comparação dos resultados aferidos com agrupamentos humanos, definidos por pertencimentos nacionais, sociais, de gênero e, principalmente, raciais. Por outro, iria prever o processo evolutivo ao longo do desenvolvimento do indivíduo no interior do grupo de origem. Para Gould (2003), a doutrina evolucionista e a quantificação estabeleceriam uma aliança que fundamentou o racismo científico da segunda metade do século XIX.

Como analisar o desenvolvimento intelectual individual, da infância à idade adulta, estabelecendo padrões de medida? Como construir dados gerais e, ao mesmo tempo, estabelecer termos comparativos entre diferentes grupos humanos? Ao final do século XIX, no estudo dos processos de desenvolvimento humano, aliaram-se técnicas de observação e de avaliação ao desenvolvimento da racionalidade estatística e do cálculo das probabilidades (Popkewitz, Bloch, 2000).

Quantificação, padronização e comparação constituíam-se procedimentos-chave na construção de um campo científico, expressos nessa nova disciplina. Foi com sua emergência que os estudos psicogenéticos adquiriram cientificidade e legitimidade segundo os parâmetros da época, tornando possível o estudo comparativo de grandes populações. Se o referencial evolutivo que fundamentava produções como as de Spencer, Darwin e Preyer padecia de imprecisão teórica e não possibilitava a produção de dados empíricos objetivos quantitativos, a emergência da chamada estatística social seria fundamental para a construção do escopo teórico-metodológico desse campo de estudos.

Assim, a perspectiva monográfica que informava os estudos até então desenvolvidos foi superada por esse novo suporte que fundamentaria também, em momento posterior, a emergência de um novo campo disciplinar, próximo à Psicogenia: a Psicometria.

Tal questão marcou não apenas os estudos psicogenéticos. Os mais diversos campos do conhecimento foram investidos da lógica estatística, como garantia de cientificidade. No dizer de Lisle, pesquisador da área médica da época, "não é mais possível nos dias de hoje, ancorar a pesquisa científica em vãs abstrações ou em hipóteses gratuitas. A observação rigorosa dos fatos tornou-se o ponto de partida da fundação dos novos campos de conhecimento" (Lisle apud Hacking, 1990, p. 78).

Mas o que constitui a estatística e qual sua importância para os estudos psicogenéticos?

Cabe inicialmente analisar a gênese desse saber e seu papel no século XIX. Em sua origem, o vocábulo "estatística" relaciona-se com a palavra Estado, revelando a intrínseca relação entre o campo e as práticas de governo. A utilização de técnicas estatísticas como instrumento de contagem desde sempre marcou a administração e gestão pública, ainda que em bases pouco científicas. Assim é que o conhecimento estatístico era nomeado como aritmética política até o século XVIII (segundo Hacking, 1990, tal denominação, à época, não envolvia sentido pejorativo). No século XVIII, no interior dos processos históricos de cientificização do conhecimento, emerge o vocábulo *estatistick*, na Alemanha, definido como ciência do Estado. Ou seja, as práticas de governo deveriam ser regidas por saberes e procedimentos referidos a esse saber, definindo-se critérios científicos na gestão pública.

Como aponta Martin (2001), é ao longo do século XIX que esse ramo científico adquire legitimidade. O uso de tal conhecimento se estenderia para os mais diversos domínios da vida social. Não se tratava do uso da Estatística apenas como instrumento de contagem, o que já se fazia presente em períodos anteriores, mas sim de sua afirmação como prática de governo cientificamente sustentada, voltada para racionalização da gestão pública.

Os governos europeus instituíram serviços de estatística na administração estatal encarregados de "realizar as pesquisas, de reunir as informações estatísticas e de assegurar sua difusão junto aos governantes e ao público" (Martin, 2001, p. 29). Foram instituídas práticas de contagem e de registro dos mais variados aspectos da vida econômica e social: alimentos, veículos, nascimentos, mortes, casamentos etc., no que Martin definiu como "febre estatística", fenômeno característico dos oitocentos.

No dizer de Nóvoa (2004, p. 9), o princípio da contagem e previsão torna-se referência para as formas modernas de governo, citando Knibbis, autor da época que assim definiu o registro estatístico: "a informação mínima necessária para uma administração inteligente do governo [...] os registros sistemáticos substituem as impressões gerais e os destinos das nações passam a ser definidos através dos números" (Knibbis apud Hacking, 1990).

O registro estatístico envolvia não apenas a capacidade de contagem, mas também a de organização e interpretação de qualquer objeto de conhecimento, compreendido como neutro e objetivo (Hacking, 1990).

Observa-se um deslocamento, do simples registro e da contagem, que forneceriam dados objetivos sobre o presente. Com o uso do cálculo das probabilidades, a Estatística passa também a projetar o futuro, indicando cenários, sustentados em cálculos numéricos.

Nesse sentido, a formulação e uso da teoria da probabilidade forneceria subsídios para o planejamento administrativo, conferindo condições de previsibilidade numericamente sustentada. O conceito de probabilidade, à época, envolvia duas dimensões. Uma de caráter mais subjetivo, entendida como "[...] a probabilidade de um evento é a razão segundo a qual acreditamos que tal evento ocorreu ou virá a ocorrer". Outra, mais objetiva, denominada como chance, indicava: "[...] uma propriedade objetiva de tal evento, a facilidade de que ele ocorra" (Cournouts, 1843, apud Hacking 1990, p. 96).

Progressivamente, a perspectiva objetiva de apreensão do conceito impôs-se, associada ao uso do cálculo da frequência de ocorrência de determinado fenômeno ou evento. A ciência tornou-se, ao mesmo tempo, "ciência da contagem dos constituintes da sociedade" e "ciência do cálculo em vista da análise das contagens" (apud Martin, 2001, p. 29). Assim é que a ciência estatística estendeu sua possibilidade de intervenção social, passando da *descrição* e do *diagnóstico* mediante registro objetivo dos dados para a *previsão* da gestão. A teoria tornou possível, no dizer de Ian Hacking (1990), "conter o acaso" ao viabilizar a construção de categorias de ação e intervenção pelo Estado junto aos cidadãos, no que o autor define como "tecnologia de poder" característica da modernidade.

O poder do conhecimento e o controle de um fenômeno por meio de sua quantificação fizeram com que não apenas a gestão pública, mas também a ciência tivessem como referência o recurso ao cálculo numérico na apreensão dos mais distintos objetos investigativos. No dizer de Martin (2001, p. 29): "[...] progressivamente, esta finalidade 'social e política' se desdobrou numa finalidade científica: melhorar o conhecimento de certos fenômenos sociais ou humanos".

DESENVOLVIMENTO HUMANO

Como afirma Michelle Perrot, "o estatístico, novo geômetra, se tornou com o médico, outra face da ciência ordenadora, o grande especialista social, capaz de tomar a medida de tudo". Foi com a construção do campo da Estatística social que tal conhecimento estendeu seus domínios para os fenômenos humanos, conferindo nova feição aos estudos sobre os processos de desenvolvimento. Assim é que Wundt, pai da Psicologia científica, afirmou em 1862 que: "é a estatística que primeiro demonstrou que o amor é submetido a leis psicológicas" (apud Hacking, 1990, p. 2).

A Estatística social e a gênese do conceito de normalidade

O termo Estatística social foi criado por Quetelet a partir da publicação de sua obra *Sur l'homme, et le développement de ses facultes*, em 1835. Para Hacking (1990, p. 105), Quetelet seria "o maior vendedor da ideia da regularidade no século XIX". Até então, era um importante astrônomo belga que se voltou para a Estatística ao utilizar procedimentos matemáticos na observação astronômica. No estudo do comportamento dos astros, Quetelet descobriu uma regularidade que possibilitava não apenas registrar seu movimento, mas prever sua trajetória.

O astrônomo considerou viável analisar os comportamentos humanos com as mesmas ferramentas estatísticas utilizadas no estudo dos astros, na medida em que também apresentariam uma regularidade. Ou seja, seria possível não apenas o registro da frequência de emergência de um comportamento, mas também a previsão de sua recorrência mediante o recurso ao cálculo das probabilidades.

Quetelet aplicou a curva de Gauss formulando a lei do erro, segundo a qual os astros apresentariam variações dentro de uma escala previsível no interior da curva. Com base nessa referência, transpôs tais conclusões para o comportamento humano. Assim é que uma série significativa de atributos comportamentais apresentaria distribuição regular. Para Hacking (1990, p. 105):

Quetelet combinou duas linhas de desenvolvimento. A primeira, a combinação de observações com a agregação de condições de equações linearizadas. A segunda, o uso da probabilidade matemática no acesso a eventos incertos e elaboração de inferências. Em vários aspectos, constituiu-se uma das maiores histórias de sucesso na história da ciência.

Tal projeto inseria-se numa perspectiva maior do autor de assimilar as ciências sociais às ciências físicas. Com a denominação de física social, subtítulo de sua obra, o autor anuncia o projeto dessa nova disciplina. As ciências humanas seriam incorporadas às ciências naturais na utilização dos mesmos procedimentos e instrumentos investigativos, destacadamente no recurso à apreensão matemática dos fenômenos humanos. Na obra, Quetelet propôs-se a tratar de "todos" os aspectos da vida: moral, intelectual e físicos como fatos estatísticos, a serem estudados por esta nova ciência: a física social" (apud Cooper, 2007, p. 5).

O objeto de estudo da Física social seria o mundo social apreendido em sua dimensão quantitativa. Assim, seria possível a construção de uma ciência fundada na formulação de leis sociais dotadas da mesma objetividade das leis da Física. No caso do estudo dos fenômenos humanos, para Quetelet, ao contrário da visão universalizante iluminista, os caracteres não seriam invariáveis em suas manifestações, mas sofreriam mudanças de acordo com a época e local. Tais variações corresponderiam às condições históricas e geográficas dadas, determinando diferenciações entre os distintos grupos humanos. Porém, sob as mesmas condições sociais, já que para o autor haveria regularidade na vida social, seria possível a previsão de tais manifestações. Em suas palavras, "num certo estágio de desenvolvimento de uma sociedade, a partir da influência de determinadas causas, efeitos regulares são produzidos que, mesmo contendo oscilações, revelam pontos fixos".

Para o autor, seria possível fazer uma ordenação das nações, com base na classificação das características morais, intelectuais e físicas de sua população, o que indicaria o grau de seu desenvolvimento civilizatório. O resultado da medida de todos esses aspectos oferecia referência para um "ideal racial", de acordo com o qual diferentes civilizações seriam comparadas. Em sua visão, uma taxonomia das populações seria indicativa duma ordem social análoga à ordem natural, que governaria povos e nações.

DESENVOLVIMENTO HUMANO

Quetelet partia do pressuposto de que, se era possível determinar um padrão no desenvolvimento das características físicas de uma dada população, tal seria possível também em relação aos caracteres morais e intelectuais. Segundo o autor,

> o peso e estatura de um indivíduo podem ser medidos diretamente e posteriormente comparados com o peso e estatura de outro. Através da comparação de medidas de indivíduos de diferentes nações, chegamos a valores padronizados do peso e a estatura do "homem padrão" de cada nação. Na sequência desta investigação podemos analisar se um indivíduo inglês tem a estatura e peso equivalente ao do homem padrão de sua nação. Posteriormente a esta investigação podemos averiguar se o homem inglês é mais alto ou pesado que um indivíduo francês ou italiano, por exemplo (Quetelet, 1842, p. 9).

Se as características físicas podiam ser medidas diretamente, da mesma forma seria possível identificar os caracteres morais e intelectuais em seus efeitos e manifestações. Pela mensuração de tais efeitos, seria possível também estabelecer um padrão de normalidade referido a cada grupo humano. No interior de um mesmo grupo, em condições sociais dadas, caberia identificar pela mensuração das distintas capacidades de grandes populações a regularidade das competências físicas, morais e intelectuais, conformando um padrão referido àquele grupo, *the average man*.

Se os fenômenos analisados eram parte constitutiva da natureza humana e estatisticamente verificáveis, seria possível determinar os padrões de normalidade física, moral e intelectual de uma dada população. O comportamento individual poderia, para o autor, ser comparado ao coeficiente comportamental do homem padrão (*average man*), graficamente visualizado pelo mapeamento na população do desenvolvimento normal das características físicas e morais. Assim é que, a partir de Quetelet, segundo Martin (2001, p. 29): "a Estatística se enriqueceu de uma outra significação, sobretudo em ligação com a elaboração de índices e indicadores econômicos: a ideia de informação estatística designa igualmente a ideia de norma, de convenção social, de base comum de acordo, de padrão".

Para Hacking (1990, p. 65),

O homem padrão constitui o aspecto central da concepção estatística de Quetelet. Todos fenômenos seriam variações de um padrão estatístico. O indivíduo teria variações em relação à normalidade. Membros de um grupo apresentariam variações em relação ao padrão coletivo. Cidadãos de diversas nações apresentariam variações no interior do padrão daquela nação. Por fim, o homem padrão poderia ser comparado de acordo com as variações de cada nação.

Os caracteres morais, físicos e intelectuais, por sua vez, não seriam idênticos ao longo do desenvolvimento do indivíduo. Em seu estudo, o autor construiu padrões de medida objetivos e quantificáveis aplicados ao desenvolvimento humano, estabelecendo uma relação entre crescimento físico e raça/origem social. Ao medir o crescimento de um grupo de escolares,[1] comparando os processos de desenvolvimento físico, formulou a hipótese estatisticamente sustentada de que haveria uma diferença na evolução do crescimento de crianças de acordo com a classe social, a qual repercutiria nas condições de aprendizagem escolar.

Observa-se, portanto, em Quetelet um deslocamento nos processos investigativos que sustentavam os estudos sobre o desenvolvimento humano. O autor forneceria novos referenciais teórico-metodológicos que possibilitaram superar a perspectiva monográfica, calcados na narração dos processos de desenvolvimento de um único indivíduo. A condição de mensuração e previsão das capacidades humanas e seu desenvolvimento bem como a comparação entre distintos grupos sociais deslocariam os eixos analíticos presentes no campo.

Os estudos de Quetelet (1842) foram fundamentais no estabelecimento da relação entre raça e cognição. Na visão do autor, as classes humanas seriam agrupadas de acordo com qualidades físicas, morais e intelectuais, propriedades reais de um povo ou raça, não entendidos por ele como conceitos abstratos. Seu trabalho contribuiu para a afirmação, caracterís-

---

1. Na verdade, tal pesquisa constituiu o primeiro estudo desenvolvido junto a uma população escolar.

tica do século XIX, de um substrato cognitivo nas diferenças raciais. As pesquisas de Quetelet permitiram à Antropometria[2] afirmar-se como ciência objetiva, de acordo com a perspectiva cientificista da época. Assim, foi possível a superação das análises fundadas no julgamento visual de caracteres físicos dos indivíduos das diferentes raças, que então poderiam passar a ser submetidos à mensuração e à classificação.

Para o autor, o desenvolvimento das capacidades humanas seria progressivo ao longo da história de espécie. Na civilização europeia ocidental, teria se manifestado o grau máximo de expressão das capacidades intelectuais: "assim como sua inteligência, seu grau de progresso não pode ser questionado e seu estado atual de desenvolvimento é inequivocamente superior ao alcançado por qualquer outra sociedade, em qualquer época" (Quetelet, 1842, p. 100).

Cabe observar, no entanto, que o conceito de raça em Quetelet fazia referência a um pertencimento geográfico e não biológico. O autor estabelecia comparações entre as populações de distintos países, entendendo população como uma unidade "racial". Assim, referia-se ao "homem inglês, francês" etc. fazendo distinções entre tais populações. Ou seja, no lugar de lançar mão de um substrato biológico na formulação do conceito de raça, Quetelet tinha como referência um substrato geográfico, inclusive no interior de um mesmo agrupamento populacional (Quetelet distinguia, por exemplo, os bretões dos normandos etc., ao categorizar a população francesa). Para Cooper, a geografia em Quetelet constituiria "a casa da raça". Em sua formulação, "uma raça poderia ser caracterizada pela medida de suas qualidades morais e físicas, na definição do homem padrão de tal raça" (apud Hacking, 1990, p. 110).

O conceito de homem padrão revelou-se fundamental no campo da Psicologia, especialmente nos estudos sobre desenvolvimento humano. Tal conceito conferiu substrato científico às noções de normalidade e desvio, operando com o agrupamento de indivíduos em classes humanas. No dizer de Popkewitz (2000):

---

2. Quetelet é chamado o pai da ciência da antropometria. Disponível em: <http://psychclassics. yorku.ca/quetelet/htm>.

Ao aplicar um cálculo de probabilidade, o pensamento populacional constrói uma nova forma de individualidade. O indivíduo é normalizado em relação a agregados estatísticos a partir dos quais características específicas podem ser atribuídas ao indivíduo e de acordo com as quais uma trajetória de vida pode ser mapeada e seu desenvolvimento monitorado e supervisionado.

Também para Hacking (1990, p. 37)

Os tipos de classes humanas descrevem, em parte, como a classe difere do usual e avaliam, em parte, no que difere do que é certo e normal. Certas classes de pessoas são determinadas como diferentes ou em desvio das normas [...] as categorias de normalidade e desvio de classes humanas são uma classe administrativa para distinguir, enumerar, controlar e melhorar os que desviam em relação a imperativos burocráticos.

Observa-se na gênese do conceito de normalidade, que se afirmaria central na Psicologia do século XX, a presença da dimensão racial. Haveria um padrão referente a cada grupo humano, ou raça, sendo que numa perspectiva comparada, cada raça teria diferentes possibilidades de desenvolvimento físico, moral e intelectual.

Quetelet acreditava ser possível a formulação de testes que objetivamente quantificassem o desenvolvimento das capacidades humanas. Nesse sentido, seus estudos serviram de referência para a construção de uma perspectiva demográfica na análise das faculdades humanas. De acordo com tal perspectiva, o agregado de indivíduos constituiria a unidade de análise na conformação de um estudo do desenvolvimento humano. Porém, não chegou a investir na produção de tais testes.

Na análise das capacidades humanas, estabelecia medidas comparativas do crescimento físico. No que se refere ao comportamento moral, desenvolveu estudos sobre criminalidade, em que buscava prever, num universo dado, não apenas o número de crimes, mas a faixa etária dos autores de delito. Quetelet preocupou-se principalmente com o estudo de aspectos morais de uma dada população, de acordo com uma perspectiva caracterológica em que fenômenos como criminalidade eram atribuídos a tendências morais, como a propensão ao crime, a coragem de uma determinada população.

Um problema se apresentava na teoria de Quetelet. Como medir esses caracteres morais numa dada população? O autor desenvolveu uma perspectiva de medição de ações relacionadas ao fenômeno moral analisado. Assim é que no estudo da criminalidade, o autor levantava todos os atos criminosos apresentados por uma dada população, dividindo-os pelo número total de indivíduos de tal agregado populacional. No caso das competências intelectuais, Quetelet lançou mão do recurso de levantar a produção artística e científica de distintos povos, estabelecendo comparações que definiriam o padrão intelectual de um dado agrupamento, seu grau de adiantamento. Obviamente, o que era objeto de quantificação eram as produções culturais dos grupos europeus, em relação aos quais os demais grupos humanos seriam comparados.

Quetelet foi, assim, responsável pela construção do substrato científico do "triunfo do agregado" no estudo dos processos de desenvolvimento humano ao final do século XIX, rompendo com a perspectiva monográfica dominante.

É interessante observar que se as investigações de Quetelet serviram de base para o desenvolvimento de estudos sobre a variação individual de uma capacidade no interior de uma dada população, como o estudo das diferenças individuais de inteligência medidas pelos testes de QI, tal não era a perspectiva do autor. Seus estudos voltavam-se para um tratamento estritamente demográfico das faculdades humanas, entendendo as diferenças individuais como anomalias que não comprometeriam a compreensão do homem padrão. Em suas palavras: "nos estudos estatísticos o primeiro e mais importante cuidado é desconsiderar o estudo do indivíduo isolado e, ao contrário, tomá-lo como uma fração da espécie. Faz-se necessário despi-lo de toda dimensão individualista para chegar à eliminação dos efeitos acidentais que o individualismo pode introduzir no tratamento da questão" (1835, apud Hacking, 1990, p. 81).

Para Hacking, é impressionante observar o quanto os estudos de Quetelet influenciaram o desenvolvimento da ciência do século XX, na afirmação de um modelo epistêmico fundado no levantamento e análise de dados quantitativos e na formulação de instrumentos metodológicos de investigação.

Estatística, hereditariedade e eugenia

Na tradição iniciada por Quetelet, foi Galton quem trabalhou de maneira mais substantiva a aplicação da estatística aos fenômenos humanos. No dizer de Gould (2003), nenhum outro autor do século XIX expressou tão bem o fascínio pelos números. Galton acreditava que qualquer fenômeno seria passível de medição, sendo a quantificação o critério básico de cientificidade. Em suas palavras: "não há atributo físico ou mental de nenhuma raça humana que não possa ser abordado a partir de uma perspectiva estatística, medido e comparado (1907, p. 36).

Galton foi um renomado cientista de sua época, embora jamais tenha desenvolvido carreira acadêmica. Realizou investigações em áreas diferenciadas do conhecimento, como Geologia, frenologia (foi o criador do laboratório de medição na Exposição Universal de Londres), Antropologia (fez uma longa viagem à África, relatada em livros de sucesso), Psicologia (foi o criador de testes de associação de ideias, posteriormente aprimorados por William James e Jung), mas principalmente se votou para o estudo da importância da hereditariedade no desenvolvimento humano, ancorado na Estatística.

Na medição e comparação das faculdades humanas, Galton, por um lado, superou a perspectiva estritamente fisiológica presente nos estudos craniológicos, campo em que chegou a trabalhar. O autor voltou-se para o estudo da inteligência, compreendendo-a como uma função ou habilidade a ser analisada não apenas pela medição do cérebro, mas também pela análise comparativa das características fisionômicas[3] e do estudo biográfico do indivíduo. Para o autor, a inteligência seria uma capacida-

---

3. O autor chegou a desenvolver um estudo estatístico lançando mão de fotografias do grau de "fealdade" de uma população.

de estritamente hereditária: "Nossa constituição parece ser diretamente relacionada com as de nossos antepassados. Nossos corpos, mentes e capacidades de desenvolvimento são derivados de nossos pais. Tudo que possuímos ao nascer constitui herança de nossos ancestrais" (Galton, 1907, p. 36).

No dizer de Godin (2007), Galton tinha enorme capacidade de analisar os fenômenos a partir de uma perspectiva estatística, mas esta era aliada a uma dificuldade no uso de cálculos matemáticos. Assim, seus princípios teóricos, muitas vezes imprecisos, traduziam-se em conclusões falsas, em decorrência de erros nos procedimentos matemáticos propriamente ditos bem como da dificuldade de exposição de suas ideias em termos lógicos.

Galton voltou-se para o estudo da relação entre inteligência e hereditariedade, no diálogo com a obra de Darwin (de quem era primo), buscando a construção de uma teoria sustentada em dados estatísticos que confirmasse a herança genética como mais importante fator no desenvolvimento das faculdades humanas (especialmente as mentais). Foi um dos primeiros autores a buscar comparar e medir as diferenças individuais na inteligência, à época vistas como pouco significativas ou relevantes, superando uma perspectiva voltada para estudo das grandes populações ou raças como proposto por Quetelet ou Spencer. Isso não significou o abandono da visão de que as faculdades humanas, especialmente a inteligência, seria racialmente determinada, mas aliou-se a esse pressuposto a ideia de que haveriam variações individuais no interior de grupos sociorraciais, relacionadas à herança genética.

É interessante que Darwin via com reservas a ideia de que a inteligência seria herdada. Depois de ler a principal obra de Galton, *Hereditary Genious*, assim escreveu: "em certo sentido o senhor transformou um oponente em convertido, porque sempre sustentei que, com exceção dos loucos, os homens pouco diferem entre si quanto ao intelecto, e só se distinguem pelo grau de zelo e constância com que exibem seu trabalho" (Galton, 1909, p. 290 apud Gould, 2003, p. 69).

Nessa obra, publicada em 1869, Galton partiu do pressuposto de que o progresso de uma nação estava associado ao número de "homens célebres" do país. O autor diagnosticou que o número de tais indivíduos estaria em declínio nos países mais desenvolvidos (notadamente a Inglaterra), o que determinaria também um processo de decadência da nação.[4] Homens célebres para Galton seriam os possuidores de uma inteligência destacada, definida como "genialidade", passível de ser medida e comparada.

A genialidade seria uma capacidade ligada à reputação alcançada pelo indivíduo. Em suas palavras: "uma alta reputação é uma demonstração de alta habilidade. Por reputação, entendo a opinião dos contemporâneos sobre um indivíduo, reforçada pela posteridade, o resultado favorável de uma análise crítica do caráter do indivíduo por seus biógrafos. Por habilidade entendo as qualidades e disposições do intelecto que qualificam o indivíduo a manifestar *performances* que denotam tal reputação (Galton, 1869, p. 46 apud Godin, 2007, p. 694).

Habilidade, para o autor, seria o mesmo que reputação, o segundo termo sendo um indicativo do primeiro: "homens que alcançam uma posição eminente e os que são naturalmente capazes, são de certa forma, idênticos" (Galton, 1869, p. 178 apud Godin, 2007, p. 694). Tendo em vista o contexto vitoriano em que Galton estava inserido, sua visão expressa o ideário liberal e individualista do período, aliado a um forte cientificismo.

A defesa da ciência na construção de explicação para o ordenamento do mundo natural social, não significava em Galton precisão em suas formulações teóricas. Assim é que o conceito de inteligência assumia um caráter mais descritivo, sendo ainda pouco preciso. Associava-se a inteligência ao talento, este determinante do sucesso social e profissional individual.

De forma a medir a ocorrência da genialidade no interior de uma dada população, condição de progresso e civilização, Galton recorreu à

---

4. À época de Galton, tornou-se comum uma perspectiva pessimista sobre o processo civilizatório segundo a qual as nações onde o progresso fez-se mais significativo (os países europeus) estariam vivendo um processo de decadência. Tal diagnóstico deu origem a uma série de produções científica e artística no que ficou conhecido como "decadentismo" ou pensamento *fin de siècle*. Vide Baumer (2001).

estatística. Para tal, lançou mão da curva do sino de Gauss e da lei do erro de Quetelet, supondo que na distribuição da inteligência na população geral, a genialidade, só seria encontrada no extremo da curva (Herman, 2001). A partir daí fez um levantamento dos dados biográficos, presentes em dicionários, de 977 homens eminentes, entre estes 415 ilustres. Com base em tais dados, Galton derivou sua teoria da hereditariedade, segundo a qual "para cada 10 homens ilustrados, encontramos 3 a 4 pais eminentes, 4 a 5 irmãos e 5 ou 6 filhos" (Galton, 1869, p. 378 apud Godin, 2007, p. 695).

Para Hacking, ao contrário de Quetelet, que entendia o homem padrão do centro da curva do sino como expressão da normalidade numa dada população, Galton entendia que o normal era o medíocre. Seu objetivo era estudar os indivíduos nos extremos da curva normal: os homens célebres ou mais talentosos. Seu problema era entender como estes estavam distribuídos em dada população, considerando que haveria uma regressão no seu número, o que redundaria na decadência social.

O conceito de hereditariedade de Galton constituía expressão da intelectualidade vitoriana, fortemente elitista, que justificava a diferença social, entendendo-a como consequência das diferenças individuais hereditárias.[5] A diferença entre as nações, por sua vez, constituiria consequência das diferenças raciais, questão não abandonada por Galton em sua teoria. Em suas palavras: "é fato que os selvagens são incapazes de progredir após os 5 anos de idade. As crianças padrão de todas as raças estão no mesmo nível de desenvolvimento. Ocasionalmente os indivíduos das raças inferiores são mais precoces que os indivíduos anglo-saxões, como uma besta de poucas semanas é certamente mais apta a sobreviver que uma criança da mesma idade. Mas, com a idade, os indivíduos das raças mais elevadas continuam a progredir, enquanto os das raças inferiores gradualmente encerram seu processo evolutivo. Continuam crianças em suas mentes, com as paixões de um homem crescido".

---

5. Tal perspectiva marca uma inflexão em relação à posição que compreendia a inteligência como capacidade racialmente definida, sendo pouco significativa ou relevante a análise das diferenças individuais.

Partindo do pressuposto de que a inteligência seria herdada e estaria em decréscimo nos países mais civilizados, o autor derivou da teoria uma proposta de intervenção social pela seleção dos mais capazes, o que garantiria o aprimoramento da raça. Segundo o autor, "as habilidades naturais humanas derivam da herança, estando sujeitas aos mesmos mecanismos do mundo orgânico [...] assim, seria possível a produção de uma raça bem-dotada através do controle dos casamentos no decorrer de sucessivas gerações" (Galton, 1869, p. 45 apud Godin, 2007, p. 697).

Este constituía o princípio da ciência da eugenia, fundada pelo autor em 1883 e por ele definida como "a ciência de criação dos bem-nascidos", a seu ver o lado prático da teoria de Darwin. Propunha-se, em oposição aos sociólogos da época — que advogavam a alteração das condições sociais do homem para salvar a civilização —, a intervenção sobre o potencial biológico, de forma a garantir a prosperidade e avanço da civilização moderna (Herman, 2001). De acordo com Galton, "a eugenia colabora com o trabalho da natureza, assegurando que a humanidade seja representada pelas raças mais bem adaptadas [...]; o que a natureza faz às cegas, lenta e impiedosamente, o homem pode fazer de modo oportuno, rápido e gentil"[6] (apud Herman, 2001, p. 143).

Em 1904, Galton chega a afirmar que a eugenia deveria ser introduzida na consciência nacional como uma nova religião, o que demonstra o que seus biógrafos definem como caráter fortemente obsessivo de sua personalidade e a perspectiva dogmática de sua teoria (apud Sandall, 2008).

Segundo Godin (2007), o conceito de hereditariedade de Galton, anterior ao desenvolvimento da genética, mostrava-se não apenas impreciso, mas também mal formulado, ao desconsiderar, na ausência de dados

---

6. Cabe destacar a referência ao caráter brando da intervenção eugênica defendida por Galton. Segundo Herman (2001), os eugenistas britânicos eram favoráveis a um lado "suave" de intervenção, como o incentivo governamental à reprodução seletiva, enquanto os do continente europeu adotavam uma perspectiva mais "severa" de defesa do aborto, esterilização e eutanásia. No desenrolar do século XX a eugenia tornou-se política de Estado da Alemanha hitlerista, tomando uma feição bem distinta da perspectiva liberal conservadora de Galton.

DESENVOLVIMENTO HUMANO

empíricos, o papel do ambiente no desenvolvimento das faculdades mentais.[7]

Em sua obra *Hereditary Talent and Charater*, de 1865, o autor definiu os princípios investigativos do estudo das capacidades humanas. De acordo com sua perspectiva, a investigação sobre o desenvolvimento mental deveria estar fundado num tripé, ancorado em três campos científicos.

Por um lado, o estudo filogenético, referenciado na biologia, em que seriam estudados os sucessivos estágios evolutivos do desenvolvimento mental humano, conectando-se com o estudo dos demais organismos. Para o autor, tal perspectiva possibilitaria uma investigação biogenética comparativa, objetiva em seus métodos e resultados. Por outro, seria fundamental o estudo da mente humana em sua evolução, analisando seus estágios de desenvolvimento nas diferentes raças e grupos, desde os mais primitivos até os mais desenvolvidos culturalmente. A pesquisa antropológica investigaria todas as expressões da cultura humana (linguística, social, institucional etc.).

Por fim, em contraste com os campos anteriores, objetivos em seus métodos e resultados, seria fundamental a realização de investigações psicogenéticas. Tal campo caracterizaria-se pelo estudo "dos processos em desenvolvimento mental de indivíduos normais de diferentes culturas, resgatando sua experiência individual e coletiva, sua história da infância à maturidade".

De forma a garantir a objetividade e rigor metodológico, Galton sugeria o recurso a testes mentais que fornecessem dados empíricos para a compreensão dos processos de desenvolvimento humano, numa perspectiva evolucionista.

---

7. Para Sandall, Galton manifestou crescente obsessão pelo estudo da hereditariedade, relacionada ao fato de nunca ter conseguido ter filhos. Tendo sido socialmente considerado um gênio desde criança, a contradição entre sua teoria e vida pessoal marcou sua história, tendo inclusive ocasionado sucessivas crises nervosas entre 1861 e 1869. Galton chegou a escrever que: "se um homem eminente não deixa filhos, isso não significa que seja estéril, mas que desposou uma mulher estéril" (apud Sandall 2008, p. 174). A relação com sua história pessoal é direta, embora jamais Galton tenha tido provas da esterilidade de sua esposa, algo inclusive impossível, já que os conhecimentos genéticos da época não permitiam qualquer conclusão (Sandall, 2008).

Assim é que a medição dos fenômenos mentais, com recurso a testes padronizados constituiria o método investigativo dotado de maior cientificidade. Porém, à época de Galton, era a medição de caracteres anatomofisiológicos, no recurso à ciência antropométrica que forneceria o método de acesso à inteligência. Seu trabalho constitui uma transição entre a Antropometria e a Psicometria, campo do qual é considerado um dos fundadores (vide Sandall, 2008).

Os chamados testes mentais só seriam desenvolvidos de maneira mais sistemática nas primeiras décadas do século XX, principalmente após a famosa formulação dos testes de QI de Alfred Binet. Porém, os referenciais teórico-metodológicos já estavam postos a partir do desenvolvimento da estatística social.

6

Baldwin e a afirmação da ciência psicogenética

Como pudemos demonstrar em outros momentos, o estabelecimento da Psicologia genética como perspectiva de análise na segunda metade do século XIX foi um dos capítulos mais importantes da história intelectual do período. Esse processo ocorreu a partir da construção do que autores como Sinha (1988) chamou de complexo filo-cultural, em que os fenômenos biológicos foram colocados lado a lado com os fenômenos psicológicos, demarcando os princípios de análise dos processos psicológicos em estreita correlação com os fenômenos e teorias elaboradas no campo da Biologia. Desse cenário intrigante participou ativamente um dos mais proeminentes psicólogos norte-americanos do período, ainda hoje pouco conhecido no campo da psicologia, James Mark Baldwin (1861-1934).

Wozniak (2009), numa tentativa de fazer justiça a esse autor e recuperar as suas contribuições no campo da Psicologia evolutiva, afirma que Baldwin dialogou de forma extremamente original e inquietadora com autores como Charles Darwin (1809-1882), Lamarck, Herbert Spencer (1820-1903), George John Romanes (1848-1894), Adolf Weismann (1834-1914), no sentido de encontrar respostas tanto para os problemas enfrentados pela teoria biológica, situando-se no debate estabelecido entre os neodarwinistas e neolamarckistas, mas e, sobretudo, com o objetivo de fundar uma nova perspectiva de análise dos problemas estritamente psicológicos, que, do seu ponto de vista, só poderiam ser analisados a partir de uma perspectiva genética.

> De particular relevância para essa questão em debate, entretanto, não é seu impacto na psicologia do desenvolvimento contemporânea, através de Piaget e Vygotsky, e a sua influência, por meio do efeito Baldwin, sobre a psicologia evolucionista e a ciência cognitiva, mas o relacionamento de suas ideias com as de Charles Darwin e outros pensadores proeminentes no período (Wozniak, 2009, p. 98).

Antes de discutirmos os principais conceitos de Baldwin, faremos uma breve retomada de sua trajetória acadêmica, procurando situá-lo no contexto intelectual do período.

Broughton (1981), revisando os movimentos dominantes na psicologia norte-americana desde a década de 1960, afirma que a história da constituição da perspectiva genética nos Estados Unidos, sobretudo a contribuição dos autores norte-americanos para a constituição dessa tradição tão importante do pensamento psicológico, ainda é obscura, apesar de sua crescente popularidade. "Particularmente notável é o fato de que os norte-americanos têm um conhecimento tão pequeno e uma avaliação crítica de suas contribuições para essa abordagem por meio do importante trabalho de James Mark Baldwin (1861-1934)."

Dando uma contribuição importante para o desvelamento dessa tradição, Brougthon (1981) afirma que foi Baldwin, não Piaget, quem primeiro construiu uma síntese da filosofia e da vida científica por meio da descrição do desenvolvimento intelectual estágio por estágio (Baldwin, 1897/1973) e sua continuidade e descontinuidade com a organização biológica e adaptação (1906-1911/1976). Foi Baldwin quem primeiro propôs uma sequência de desenvolvimento no domínio da lógica, no domínio científico, social, moral, religioso e consciência estética, além de sugerir como eles estariam relacionados uns com os outros. Também foi Baldwin (1894/1966) quem primeiro articulou uma Epistemologia genética fundada no princípio do conhecimento por meio do processo de assimilação e acomodação. E, ainda, foi Baldwin (1897/1973) o fundador

DESENVOLVIMENTO HUMANO

do interacionismo simbólico retomado posteriormente na psicologia de George Mead.

Durante sua carreira acadêmica nos Estados Unidos interrompida precocemente em função de um escândalo ocorrido em Baltimore em 1908,[8] Baldwin estabeleceu laboratórios experimentais nas universidades de Toronto, Princeton e Johns Hopkins. Fundou a *Psychological Review* e o *Psychological Bulletin* em colaboração com James Catell (1860-1944). Editou o *Dictionary of Philosophy and Psychology* (Baldwin, 1901-1905), conhecido na época como o Dicionário de Baldwin, que ainda constitui uma das melhores fontes do pensamento filosófico e psicológico na virada do século XIX para o século XX.

Baldwin, depois de se formar em Filosofia em 1884, ganhou uma bolsa de estudos da Mental Science Fellowschip e foi estudar em Leipzig, na Alemanha, por dois semestres, com o proeminente psicólogo e criador da Psicologia Experimental William Wundt (1832-1920). Estudou também em Berlim, onde teve contato com a teoria de Spinosa. Em sua autobiografia afirma que um dos resultados de sua estadia na Alemanha foi um contato profundo com a nova psicologia sintetizada num texto de Ribot intitulado *Psychologie allemande contemporaine*, que dava um resumo do movimento da nova psicologia instaurada por Wundt a partir dos estudos psicofisiológicos, o que redundou na elaboração de uma tradução para o inglês do livro de Ribot, estabelecendo uma das primeiras obras de influência da nova psicologia em território norte-americano *German Psychology of Today* (1980).

Seu interesse na nova Psicologia não era subordinado à Filosofia ou à Teologia, mas ganhou força com a sua atividade acadêmica como professor. De acordo com o autor em sua autobiografia (Baldwin, 1930), as exigências do trabalho em sala de aula requeriam a exposição da Psicologia geral, para a qual não haviam livros textos em circulação. Esse

---

8. Baldwin, então gozando de enorme prestígio acadêmico, foi preso em um bordel frequentado por negros, o que determinou seu afastamento da Clark University e posterior autoexílio na França. O puritanismo e racismo norte-americanos foram determinantes no desfecho do episódio, que custou a carreira acadêmica do autor.

interesse motivou a elaboração de seu *Handbook of Psychology:* Senses and Intellect, seguido do segundo volume intitulado *Feeling and Will*, a partir do qual desenvolveu uma pesquisa mais sistemática, posteriormente abrigada no texto intitulado *Elements of Psychology* (1893).

Suas publicações contêm os primeiros estudos do comportamento infantil (Baldwin, 1891, 1892a, 1892b, 1894a, 1894b) e uma teoria biossocial da mente, sua origem evolucionária, do crescimento ontogenético e sua formação sociocultural (Baldwin, 1891, 1895b, 1897, 1906-1911).

No diálogo com a perspectiva psicogenética dominante da época, de realização de estudos monográficos fundados na observação do desenvolvimento de uma criança (tema explorado no capítulo 4), com o nascimento de sua filha Helen, interessou-se pelos problemas da gênese — origem, desenvolvimento e evolução das funções psíquicas, que se tornaram o foco de seus interesses. H. tornou-se, ao lado da irmã E. em sua primeira infância, o campo de observações por meio do qual todos os problemas da Biologia e da Psicologia se apresentaram. A série de Experimentos publicados no livro *Development in the Child and the Race* (1897), abriram caminho para a realização de experimentos sobre a dominância da mão direita ou esquerda, sobre a percepção da cor, sobre sugestão, sobre imitação, fala etc. Os correlatos desses experimentos foram encontrados na teoria da recapitulação, acomodação e crescimento na Biologia, articulação que nos interessa particularmente no presente trabalho. Baldwin havia se convencido de que não havia muito futuro na abordagem estrutural da Psicologia de Wundt e nos trabalhos experimentais que procuravam investigar os elementos da consciência e suas leis de articulação.

Ao contrário, via cada vez mais interesse na perspectiva de análise aberta pela perspectiva de William James (1842-1910), que ressaltava a importância de analisar os processos de adaptação do organismo ao meio ambiente, dando à dimensão psicológica, por meio do estudo da consciência como fator fundamental no processo de adaptação, e à gênese do pensamento por meio de processos seletivos dos estímulos que emergiam do meio ambiente em permanente processo de transformação, uma dimensão central para a psicologia.

DESENVOLVIMENTO HUMANO

Em 1890 William James havia publicado *Princípios de Psicologia*, em que procura incorporar as principais contribuições do período no campo da Psicofísica e da Psicofisiologia. James era adepto da ideia de que a essência da vida mental e a essência da vida corporal eram a mesma. Na mesma direção, aplicando a fórmula funcional construída pela Biologia para a compreensão dos processos evolutivos e de adaptação do organismo ao meio, James faz da mente um instrumento dinâmico e funcional para adaptação do organismo ao meio ambiente. A consciência, que continua sendo para James o objeto privilegiado da Psicologia, apresenta-se como uma corrente contínua (*stream of thought*, "corrente de pensamento"). A experiência pura é o imenso fluxo vital que fornece o material para a nossa reflexão ulterior. Qualquer semelhança com os argumentos da dialética do devir de Heráclito não é coincidência.

William James deslocou o objeto da psicologia dos infindáveis esforços abstratos de descrição e explicação da estrutura da consciência que a caracterizaram até então, concebendo-a como parte de um organismo em processo contínuo de adaptação. Ampliou as possibilidades de investigação da Psicologia e passou a se interessar pela aprendizagem como uma das dimensões cruciais desse processo. Inseridos de forma dinâmica em seu meio, os problemas emergentes dos diferentes campos de atuação do homem passaram a fazer parte do leque de interesses legítimos que deveriam ser enfrentados pela jovem ciência nascente.

Criticou os associacionistas que reduziam a vida psíquica à combinação das sensações elementares (Wundt), os materialistas por pretenderem captar os fenômenos psíquicos pelo estudo da matéria cerebral, apesar de considerar mente e corpo uma única substância. Do ponto de vista metodológico, reafirmou a introspecção e acentuou a importância da observação naturalística e comparativa como método privilegiado da psicologia e criticou os trabalhos de medida desenvolvidos nos laboratórios. A partir de uma perspectiva comparativista, incentivou a realização de estudos de diferentes populações, o estudo de animais, de crianças, dos povos primitivos e das pessoas mentalmente perturbadas.

É nesse cenário que o debate em torno de conceitos biológicos ganham sentido, uma vez que essa ciência assume lugar central como matriz conceitual para análise dos fenômenos mentais, no lugar da Física e da Química. Tais ciências influenciaram a perspectiva voluntarista de Wundt na Alemanha e da perspectiva estruturalista de Titchener (1867-1927), seu discípulo que migra para a América do Norte e se torna o principal interlocutor e crítico da abordagem funcional, emergente nos trabalhos de William James e de James Mark Baldwin.

No entanto, a formulação desse novo objeto de conhecimento na Psicologia exigia a construção de novas perspectivas epistemológicas. A questão central deixava de ser a análise e a medida de elementos da consciência e passava a ser o movimento de sua construção, de sua gênese. Observa-se, portanto, a afirmação de uma perspectiva biológica fundada no diálogo com dois campos investigativos e áreas do conhecimento da ciência biológica da época: a embriologia e a teoria da evolução.

A questão epistemológica poderia ser formulada nos seguintes termos: como captar esse objeto em contínuo processo de transformação? Como estudar a gênese de uma função psíquica essencial ao processo de adaptação do organismo ao meio ambiente?

Uma nova perspectiva de análise atenta aos fenômenos biológicos preocupava-se com a perspectiva necessária de totalidade, que não poderia ser perdida. Por sua vez, era necessário apreender de que forma os fenômenos se articulavam no tempo vital, uma vez que estava claro que a emergência do novo era uma dimensão essencial da temporalidade dos organismos.

Do mesmo modo que a questão da emergência de novas funções como parte do processo de adaptação era central, esse processo só poderia ser revelado pelo estudo de sua constituição, de sua gênese. Nesse sentido, o mesmo problema da Psicologia era encarado pela Biologia na análise de constituição de novas espécies e de transformações vividas pelos organismos desde sua fecundação, nascimento até a morte.

Baldwin (1930) afirma a respeito desse problema que "o interesse na Gênese enquanto tal estende-se naturalmente para a grande questão da evolução, dos quais os princípios são tanto psicológicos quanto biológicos".

Se do ponto de vista metodológico a Biologia conseguia enfrentar com relativa autonomia seus grandes problemas, o mesmo não acontecia na Psicologia, que tinha desde a sua constituição o problema da objetividade para ser resolvido. Nesse campo Baldwin (1930) coloca dois problemas. Em primeiro lugar, o do método: como pode o desenvolvimento de fenômenos mentais, ou de qualquer ordem verdadeiramente genética, envolvendo progresso, ser investigado de forma fértil?

A resposta a essa pergunta exigia a tomada de posição em relação à matriz nomotética e quantificadora trazida por Spencer para o estudo desses fenômenos. Desse modo, Baldwin afirma

> O método spenceriano ou quantitativo trazido das ciências exatas — Física e Química — para a Psicologia deve ser descartado. Idealmente esse procedimento consistia em reduzir o mais complexo no mais simples, o todo em suas partes, o que foi desenvolvido posteriormente, no que existia anteriormente, assim negando ou eliminando o fator pelo qual o que era verdadeiramente genético era revelado. Modos mais recentes de manifestação não podem ser colocados em termos atômicos, sem violência para os modos mais sintéticos revelados pela observação. As qualidades da flor e do fruto, por exemplo, não podem ser antecipadas das fórmulas químicas dos processos que ocorrem nos tecidos da árvore frutífera (Murchison, 1930, p. 4).

A tomada de posição metodológica de Baldwin deixa entrever a complexidade do problema. O enfrentamento dos problemas genéticos exigiam uma ruptura com a perspectiva de análise dominante em Psicologia e nas ciências como um todo.

De acordo com a nova perspectiva de análise, o método genético é, por isso, chamado para algo — e levará em conta esse "algo" deixado acima do quantitativo — que apresenta novas fases como os avanços da progressão genética.

> Esse algo é revelado na série de aspectos qualitativos, por exemplo, as qualidades empíricas da água como tais, acima das relações atômicas e quantitativas das pela fórmula química H_2O. Uma interpretação genética

requer uma fórmula não exaurida da composição ou identidade da água (tal como água = H_2O, mas uma progressão genética (tal como H_2O se torna água) na qual além da identificação quantitativa do H e do O, nós podemos identificar mais à frente pelas qualidades que não estavam presentes nem no H nem no O (Baldwin, 1930, p. 4).

O segundo problema refere-se ao que resulta da ciência genética, como distinta da ciência quantitativa, o grande corpo de dados sobre a gênese, o desenvolvimento, evolução, que recompensa o investigador quando os aspectos qualitativos e outros aspectos das séries genéticas são devidamente investigados. Essas considerações conduzem à formulação da teoria dos modos genéticos, na qual as duas posições fundamentais são: (1) todas as séries verdadeiramente genéticas são irreversíveis; (2) cada novo estágio, ou termo, nas séries verdadeiramente genéticas, são *sui generis* um novo modo de presença naquilo que é chamado de realidade.

Essas duas determinações tornaram-se a pedra fundamental de várias teorias da evolução criativa ou emergente em voga atualmente. Colocados em termos da lógica formada nesse caso, dois postulados foram formulados em *Development and Evolution* (1902). Primeiro, a lógica da gênese não pode ser expressa em proposições conversíveis; e segundo, uma série de eventos verdadeiramente genéticos, sozinha, não pode ser construída antes de realmente acontecer e não pode ser esgotada pela leitura dos antecedentes depois de ter acontecido (Baldwin, 1930, p. 5), o que significa que a ordem genética implica sempre a emergência do novo.

A partir desses pressupostos, cabe apreender como Baldwin articulou as diferentes dimensões de sua perspectiva genética para a análise da mente. Amplamente colocado, o desenvolvimento da mente pode ser visto de qualquer um dos três pontos principais, quais sejam

1. em primeiro lugar, pode ser considerado filogeneticamente, como uma dimensão biológica, e seus estágios sucessivos traçados em conecção com os organismos animais com os quais é associado. Esse princípio permite a realização de pesquisas biogenéticas e comparativas, objetivas em seus métodos e resultados;

2. a mente do homem tomada isoladamente pode ser investigada em sua evolução, e seus estágios de crescimento traçados em diferentes raças

DESENVOLVIMENTO HUMANO

e grupos humanos, dos primitivos aos mais altamente civilizados. Esse é o campo de pesquisa Antropológica em todas as suas formas (linguística, social, institucional etc.). Aqui novamente o método é objetivo e o resultado é, ao mesmo tempo individual e social;

3. em contraste com esses métodos objetivos, biogenéticos e antropológicos, existe o método psicogenético propriamente chamado. Seu problema é traçado pela observação dos processos que ocorrem nos estágios essenciais do desenvolvimento mental, da mente humana normal, tomada isoladamente ou em grupo, visando à reconstrução da experiência essencial que cada mente vivencia individualmente ao lado de seus pares, através de sua história de vida, da infância até a maturidade. Esse objeto conduz a uma pesquisa principalmente subjetiva, desde que seja controlada em cada estágio pela experiência individual ou social. Tendo definido essas três dimensões como centrais para a compreensão do problema da gênese, a grande questão era formular uma teoria que pudesse articulá-la numa dimensão de totalidade. Observa-se a postulação de uma perspectiva interdisciplinar, no diálogo entre a Biologia, a Antropologia e a Psicologia, na formulação de uma ciência psicogenética.

A esse propósito é importante acompanhar de que maneira o autor articula as dimensões ontogenéticas e as filogenéticas, focando especialmente na definição estritamente filogenética, onde necessita articular de forma intrínseca a dimensão biológica, com a dimensão antropológica do desenvolvimento humano. O autor criticava a perspectiva dominante de tratar de maneira diferenciada, ainda que associada as dimensões filogenéticas e ontogenéticas dos processos evolutivos.

Na abordagem filogenética o autor constrói a expressão *race psychology*, que ele define do seguinte modo:

> a expressão "psicologia racial" é habitualmente utilizada referindo-se à características mentais peculiares de variadas populações, tribos, estágios civilizatórios, culturas etc. Ou seja, o termo raça é aplicado à raça humana. Por outro lado, os pontos de comparação entre a consciência humana e animal mostram-se distintos nos estudos de psicologia comparada. Eu busco lançar mão da liberdade de extender o significado do termo psicolo-

gia racial para incluir a história da consciência humana, no mesmo sentido que a expressão experiência racial é utilizada para incluir toda herança derivada da vida ancestral em todas suas manifestações. O problema da psicologia racial torna-se então o estudo do desenvolvimento filogenético da consciência. Cabe fazer uso da perspectiva ontogenética nos estudos sobre o indivíduo, em contraposição a uma psicologia analítica das funções psíquicas (Baldwin, 1897, p. 12).

O autor propõe, assim, na defesa do que denomina Psicologia racial, o estudo do desenvolvimento histórico das formas de consciência humana. Observa-se, portanto, uma inflexão de uma perspectiva estritamente da Biologia na definição do termo raça, para uma apreensão voltada ao estudo dos fenômenos culturais, no que Baldwin denomina estudo da consciência.

Conclusão

Diálogos com o presente

Encerrada a escrita do livro, emerge a pergunta: por que e para quem a leitura deste texto falando de passado "remoto" e retomando autores e perspectivas que hoje podem parecer desprovidas de valor científico e anacrônicas?

Afinal, se buscamos recuperar o percurso de construção de uma produção científica sobre o desenvolvimento humano, a posterior organização num campo disciplinar no interior da ciência da Psicologia fez ressignificar os processos investigativos, os referenciais teóricos, dando origem a um *corpus* relativamente autônomo e academicamente consolidado.

É interessante assinalar que, como observam os historiadores da ciência, a medida da vitalidade de um campo disciplinar não é dado pelo volume das descobertas produzidas, pela emergência de obras magistrais, fruto da reflexão de mentes privilegiadas. A história da ciência não constitui a narrativa de suas descobertas em direção a uma verdade mais próxima do real. Ao contrário, a vitalidade do campo, hoje, mais do que nunca se afere principalmente pelo volume de recursos materiais e simbólicos que a disciplina faz acionar. A existência de periódicos especializados, de congressos temáticos, de programas de pesquisa consolidados são cada vez mais termômetro do nível de legitimidade científica de um campo disciplinar.

Nesse sentido, a história das investigações aqui descritas analisa a emergência de um corpo de saberes que progressivamente adquiriu identidade própria e respeitabilidade acadêmica, cuja institucionalização configura-se no momento em que a história aqui descrita deixa de ser narrada.

Evidentemente, retomando Foucault, não cabe uma arqueologia dos saberes científicos na tentativa de resgate de seu momento inicial de formulação. No caso do estudo do desenvolvimento humano, os registros remontam a Aristóteles e a suas formulações epigenéticas preformistas. Não foi esse inventário que nos propusemos a realizar neste livro. Interessou-nos resgatar, por um lado, uma produção científica historicamente situada, em que os eixos explicativos sobre os processos de desenvolvimento humano ancoravam-se numa ciência biológica evolucionista, anterior às descobertas da genética. Esta reconfiguraria as leituras sobre hereditariedade características do século XIX, analisadas nesta obra. Por outro, buscamos tornar acessível ao leitor brasileiro uma farta produção sobre a história dos estudos sobre o desenvolvimento humano bastante presente principalmente nos países de língua inglesa e lacunar no Brasil.

Se nos interessou a aproximação aos quadros epistêmicos de referência sobre tal conhecimento ao longo dos oitocentos, sob o olhar da histórica percebemos permanências e deslocamentos em tal campo de produção.

A configuração da Psicologia do desenvolvimento, Psicologia genética ou Psicogênese viveu enorme crescimento no final do XIX e primeira metade do século XX. A institucionalização do que o psicólogo Sully definiu como *child studies* encontrou nas florescentes universidades norte-americanas amplas condições de implementação, dando origem a uma infinidade de associações científicas, periódicos, grupos de pesquisa.

Assim é que se observa uma inflexão ao final do período aqui estudado. A Biologia deixa de ser o campo disciplinar de emergência de tais estudos, após a publicação de Preyer, considerado a primeira obra psicogenética. Observa-se um deslocamento geográfico dos espaços de produção. Se fizemos referência a autores europeus, a obra de Baldwin marca a emergência da Psicologia do desenvolvimento norte-americana, país

DESENVOLVIMENTO HUMANO

onde tal campo encontraria o espaço mais fértil de produção e articulação ao longo do século XX. A escrita da constituição da Psicologia do desenvolvimento demanda levar em conta esta institucionalização.

Observa-se a diferenciação da produção que se desmembra em correntes teórico-metodológicas distintas, com recurso a conceitos diferenciados, originando teorias singulares. Mesmo que postas em diálogo, ao longo do século XX, experimenta-se uma especialização e diferenciação de tais correntes que dão origem a tradições com fronteiras demarcadas.

Outra distinção histórica na passagem do século XIX para o XX é que a produção da psicologia do desenvolvimento configura-se, muitas vezes, como tecnologia de intervenção, informando políticas públicas sociais e práticas institucionais. Cabe destacar sua força nos mais distintos espaços sociais de inserção da criança, não apenas creches e escolas, mas destacadamente o espaço familiar. Este reconfigura-se no diálogo com tal saber, o qual passa a mediar as relações adulto-criança, principalmente nos lares das camadas médias da população.

Se falamos dos deslocamentos históricos, cabe indicar as permanências. Se a Psicologia assumiu uma posição distinta da ciência biológica, a sociobiologia experimenta hoje fértil crescimento no diálogo não apenas com a Psicologia, mas também com as ciências sociais. Assiste-se à centralidade que a ciência biológica assume hoje no campo científico, fruto do desenvolvimento de saberes inexistentes no período aqui estudado, notadamente a genética. Tal centralidade vem informando uma redução das problemáticas trabalhadas pelas ciências humanas, configurado uma nova biologização do campo. Novamente as relações de saber e poder entre os campos científicos informam os processos de produção.

Evidentemente não é da mesma Biologia evolucionista que fizemos referência, mas observa-se a emergência de um darwinismo social renovado nas formulações de uma série de cientistas sociais e psicólogos contemporâneos relacionados à sociobiologia.

Observa-se também a permanência do recurso ao conceito de raça, mesmo que recusado pela Biologia do século XX pela sua ausência de sustentação científica, à luz das descobertas da genética. O conceito continua a ser utilizado em estudos da Psicologia do desenvolvimento e principalmente da chamada psicologia diferencial. Ainda hoje fazem-se presentes publicações, em que manifestações racistas assumem roupagem cientificista, revelando uma persistente e perigosa permanência que encontra continuidade no século XXI.

Porém, cabe destacar a retomada de uma perspectiva de análise não mais ancorada em rígidas fronteiras disciplinares. Se fizemos referência a emergência do assim chamado campo de *child studies* ao final do século XIX, temos hoje a reconfiguração de tal campo com o recente florescimento de interesse pelo estudo da infância por distintos campos disciplinares. Assim emerge uma Sociologia da infância, uma Antropologia da infância, uma Filosofia da infância a partir da década de 1990 que têm originado um expressivo volume de produções que indicam uma reconfiguração do estudo da criança e dos processos de desenvolvimento humano.

Os estudos da infância são, nas suas dimensões interdisciplinares, um campo de estudo em pleno progresso e desenvolvimento. Por meio do olhar da Sociologia, da História, da Antropologia, da Psicologia e outras áreas, tomando por foco a infância como categoria social do tipo geracional, têm-se desenvolvido trabalhos de pesquisa que procuram resgatar a infância como objeto de conhecimento, nas suas múltiplas articulações com as diversas esferas, categorias e estruturas da sociedade.

Esses estudos alargam as fronteiras do campo disciplinar de onde provêm para, na verdade, configurarem uma abordagem renovada (nos planos teórico, epistemológico e também metodológico) no estudo dos processos de desenvolvimento humano, indicando como os sujeitos se constituem na cultura e por meio dela, em interações cotidianas e mediadas por processos simbólicos de significação do mundo. Cada vez mais se busca estar atento à dimensão semiótica na constituição do indivíduo, em diferentes momentos de seu percurso biográfico.

Cabe chamar atenção também para o fato de que uma abordagem renovada no estudo dos processos de desenvolvimento humano apreendidos com base em uma perspectiva interdisciplinar vem superando a visão concentrada no estudo dos primeiros anos de vida do indivíduo sob um olhar evolucionista. Busca-se hoje apreender como a categoria geração informa a relação do indivíduo com o mundo, conferindo-lhe lugares sociais distintos, quer como criança, jovem, adulto ou idoso.

O aumento da expectativa de vida e a melhoria das condições de sobrevivência na chamada terceira idade faz romper as rígidas fronteiras geracionais, ressignificando as representações sobre a chamada "velhice" e informando novas práticas sociais dos atores deste extrato geracional. Com isso, alargam-se não apenas as etapas da vida analisadas sobre os processos de desenvolvimentno humano, mas renovam-se os referenciais teórico-metodológicos de análise.

Mas esta é uma história ainda a ser contada: o estado da arte dos estudos sobre os processos de desenvolvimento humano na contemporaneidade. O olhar sobre o passado que buscamos contemplar auxilia-nos a melhor apreender o presente, não porque exista um percurso linear e evolutivo, mas porque, ao historicizar, podemos desnaturalizar este objeto de conhecimento. Tal foi o objetivo desta obra. Cabe ao leitor avaliar sua efetividade.

Bibliografia

ABBAGNANO, Nicola. *Dicionário de Filosofia*. 5. ed. São Paulo: Martins Fontes, 2007. 1210 p.

BALDWIN, James Mark. *Elements of Psychology*. New York: Appleton, 1893.

_____. *Dictionary of Psychology and Philosophy*. Edição inicial: 1901, v. 1. Disponível em: <http://psychclassics.yorku.ca/Baldwin.htm>. Acesso em: maio 2005.

_____. *History of Psychology*: a Sketch and an Interpretation. London: Warnes, 1913.

_____. *Mental Development in Child and Race*. Edição inicial: 1895. Disponível em: <http://psychclassics.yorku.ca/Baldwin.htm>. Acesso em: maio 2005.

_____. *Social and ethical interpretations in mental development*. New York: Macmillan & Co., 1897. p. XIV, 574.

BARBUJANI, Guido. *A invenção das raças*. São Paulo: Contexto, 2007. 171 p.

BAUMER, Frederick. *O pensamento europeu moderno*. Lisboa: Edições 70, 2002. v. 2.

BECCHI, Egle. Entre biografias e autobiográficas pedagógicas: os diários de infância. In: *Revista Brasileira de História da Educação*, n. 8, p. 125-158, jul./dez. 2004.

BINET, Alfred; SIMON, Theodore. *A Method of Measuring the Development of the Inteligence of Young Children*. Lincoln, Illinois: Courier Company, 1911.

BOTO, Carlota. O desencantamento da criança: entre o Renascimento e o século das Luzes. In: KUHLMANN JR., Moysés; FREITAS, Marcos C. de (Orgs.). *Os intelectuais na história da infância*. São Paulo: Cortez, 2003. p. 21-52

BOURDIEU, Pierre. *Os usos sociais da ciência*: por uma sociologia clínica do campo científico. São Paulo: Ed. Unesp, 2004. 86 p.

BRADLEY, Ben. *Concepciones de la infancia*: introducción critica a la psicología del niño. Versión española de Cristina del Barrio. Madrid: Alianza Psicología Menor, 1989.

BROUGHTON, John M. The genetic psychology of James Mark Baldwin. *American Psychologist*, v. 36, n. 4, p. 396-407, Apr. 1981.

CAIRNS, Robert. The Making of Developmental Psychology. In: DAMON, W.; LERNER, R. (Orgs.). *Theories Models of Human Development*: Handbook of Child Psychology. New York: J. Wriden, 1998. v. 1, p. 25-105.

CAMBI, Francisco. *História da pedagogia*. São Paulo: Campus, 2000.

CASTRO, Celso. *Evolucionismo cultural*. Rio de Janeiro: Jorge Zahar, 2005. 127 p.

CASTRO, Edgar. *Vocabulário de Foucault*. Belo Horizonte: Autêntica, 2009. 473 p.

CLEVERLEY, John; PHILLIPS, D. C. *Visions of Childhood*: Influential Models from Locke to Spock. New York: Teachers College Press, 1986. 166 p.

COMTE, August. A filosofia positivista e o estudo da sociedade. In: GARDINER, P. *Teorias da história*. Lisboa: Calouste Gulbenkian, 1995. p. 90-103.

COOPER, Brian. *Family fictions and family facts*: Harriet Martineau, Adolphe Quetelet and population question in England, 1798-1859. London: Routledge, 2007.

DARWIN, Charles. *Autobiografia*. Lisboa: Relógios D'água, 2004. 155 p.

_____. *A Biografical Sketh of an Infant*. Primeira publicação em *Mind*, n. 2, p. 285-294, 1877. Disponível em: <http://psychclassics.yorku.ca/Darwin/infant.htm>. Acesso em: abr. 2005.

DEWSBURY, Donald. Charles Darwin and Psychology at the Bicentennial and Sesquicentennial. In: *American psychology*, v. 64, n. 2, p. 67-74, feb./march 2009.

ELDER JR., Glen; MODELL, John; PARKE, Ross D. *Children in Time and Place*: Developmental and Historical Insights. Cambridge: Cambridge University Press, 1993.

ELIAS, Norbert. *O processo civilizador*. Rio de Janeiro: Jorge Zahar, 1994. v. 1, 277 p.

FALCON, Francisco. História das ideias. In: CARDOSO, C. F.; VAINFAS, R. (Orgs.). *Domínios da História*. Rio de Janeiro: Campus, 1997. p. 91-126.

FEBVRE, Lucien. *Olhares sobre a história*. Lisboa: Asa, 1996.

FOUCAULT, Michel. *Vigiar e punir*. Petrópolis: Vozes, 1986.

_____. *A ordem do discurso*. Lisboa: Relógio D'água, 1987.

GALTON, Francis. *Inquiries into Human Faculty and its Development*. New York: AMS Press, 1907.

_____. *Hereditary Genious*: an Inquiry into its Laws and Consequences. London: Macmillan/Fontana, 1869.

GAY, Peter. *O século de Schinitzler*: a formação da cultura da classe média — 1815-1914. São Paulo: Companhia das Letras, 2003. 347 p.

GELLNER, Ernest. Introdução. In: EVANS-PRITCHARD, E. E. *História do pensamento antropológico*. Lisboa: Edições 70, 1981.

GERKEN, C. H. S.; GOUVÊA, M. C. S. Imagens do outro: a criança e o primitivo nas ciências humanas. *Educação em Revista*, Faculdade de Educação da UFMG, v. 1, n. esp., p. 13-37, ago./dez. 2000.

GODIN, Benoit. From Eugenics to Scientometrics: Galton, Catell and Men of Science. In: *Social Studies of Science*, v. 37, n. 5, p. 691-728, out. 2007.

GONDERMANN, Thomas. Progression and Retrogression: Herbert Spencer's explanation of social inequality. In: *History of the Human Sciences*. Los Angeles/ London, v. 20, n. 3, p. 21-40, 2007.

GONDRA, José; GARCIA, Inara. A arte de endurecer "miolos moles e cérebros brandos": a racionalidade médico-higiênica e a construção social da infância. *Revista Brasileira de Educação*. São Paulo: Autores Associados, n. 26, p. 69-84, maio/ jun. 2004.

GREGORIO, Mario. *From Here to Eternity*: Ernst Haeckel and Scientific Faith. Göttingen, Vandenheck & Ruprecht, 2005. 637 p.

GOULD, Stephen Jay. *A falsa medida do homem*. São Paulo: Martins Fontes, 2003. 369 p.

_____. *Darwin e os grandes enigmas da vida*. São Paulo: Martins Fontes, 2006. 274 p.

GUEDES, Antonio José de Oliveira. *Evolucionismo e educação*: a filosofia da educação no positivismo evolucionista de Herbert Spencer. Porto: Asa, 1999.

HACKING, Ian. *The Taming of Chance*. Cambridge: Cambridge University Press, 1990. 215 p.

HAECKEL, Ernst. *A origem do homem*. 2. ed. São Paulo: Global, 1989.

_____. *Generelle morphologie der organismer*. Berlim: Verlag Von Georg Reimer, 1866.

HALL, Stanley. *Adolescence*. New York: New York Times Press, 1969. [1. ed. 1904.]

HERMANN, Arthur. *A ideia de decadência na sociedade ocidental*. São Paulo: Record, 2001.

HOBSBAWM, Eric. *A Era dos Impérios*. São Paulo: Paz e Terra, 1998.

INGOLD, Tim. A evolução da sociedade. In: FABIAN, A. (Org.). *A evolução*: a sociedade, a ciência e o universo. Lisboa: Terramar, 2000. p. 94-121.

JAHODA, Gustav. *Images of Savages*: Ancient Roots of Modern Prejudices in Western Cultures. London: Routledge, 1999.

JAMES, William. *Principles of psychology*. New York: Dover Ed., 1950. [Ed. original 1890.]

JOHNSON, Deborah F. Cultivating the Field of Psychology: Psychological Journals at the Turn of the Century and Beyond. *American Psychologist*, v. 55, n. 10, p. 1144-1147, out. 2000.

KENNY, Robert. From the Curse of Ham to the Curse of Nature: The Influence of Natural Selection on the Debate on Human Unity Before the Publication of *The Descent of Man*. *British Journal for the History of Science*, v. 40, n. 3, p. 367-388, set. 2007.

KUHLMANN JR., Moysés; FREITAS, Marcos Cesar de (Orgs.). *Os intelectuais na história da infância*. São Paulo: Cortez, 2003. p. 21-52.

LE GOFF, Jacques. *História e memória*. Lisboa: Edições 70, 2000.

MARTIN, Olivier. Da estatística política à sociologia estatística: desenvolvimento e transformações da análise estatística da sociedade (séculos XVII-XIX). *Revista Brasileira de História*, v. 21, n. 41, p. 13-34, 2001.

MUELLER, Eduard. *História da psicologia*. Lisboa: Instituto Piaget, 2001.

MURCHISON, Carl (Ed.). Authobiography of James Mark Baldwin. *History of Psychology in Authobiography*, v. 1, p. 1-30, 1930. Disponível em: <http://psyclassics.york.ca/Baldwin/murchison.htm>.

NARODOWSKI, Mariano. *Infancia y poder*: la conformación de la pedagogía moderna. Buenos Aires: Ayque, 1999.

NOON, David Hoogland. The Evolution of Beats and Babies: Recapitulation, Instinct, and the Early Discourse on Child Development. *Journal of the History of the Behavioral Sciences*, v. 41, n. 4, p. 367-386, 2005. Disponível em: <www.Interscience.wiley.com>.

NÓVOA, António. Prefácio: Governar através dos números. In: CANDEIAS, Antonio. Alfabetização e escola em Portugal nos séculos XIX e XX. Lisboa: Fundação Calouste Gulbenkian, 2004.

OLIVEIRA, Bernardo Jefferson. Imaginário científico e a história da educação. In: VEIGA, Cynthia; FONSECA, Thais (Orgs.). *História e historiografia da educação no Brasil*. Belo Horizonte: Autêntica, 2003. p. 101-128.

OTTAVI, Dominique. De la psychologie de l'enfant à la pédagogie. *Bulletin de Psychologie*, Paris, v. 53, n. 5, p. 536-561, set./out. 2000.

_____. *De Darwin a Piaget*. Lisboa: Editora Piaget, 2004. 344 p.

Ó, Jorge Ramos. *O governo de si mesmo modernidade pedagógica e encenações disciplinares do aluno liceal* (último quartel do século XIX: meados do século XX). Lisboa: Educa, 2003.

PEREZ, Bernard. Les trois premières années de l'enfant. *Mind*, v. 3, n. 12, p. 546-548, 1878.

PLOTKIN, Henry. *Evolutionary Thought in Psychology*: a Brief History. Oxford: Blackwell Publishing, 2004.

POLIAKOV, Leon. *O mito ariano*. São Paulo: Perspectiva, 1974. 329 p.

POPKEWITZ, T.; BLOCH, S. The Denial of Change in Educational Change: Systems of Ideas in the Construction of National Policy and Evaluation. In: *Educational Researcher*, n. 29, p. 17-29, jan. 2000.

PREYER, William. *The Mind of the Child*: Observations Concerning the Mental Development of the Human Being in the First Year. New York: Appleton, 1881.

QUETELET, Adolphe. *A Treatise on Man and the Development of his Faculties.* Edinburg: William and Robert Charns, 1842.

RICHARDS, Robert J. *Darwins and the Emergence of Evolutionary Theories of Mind and Behavior.* Chicago: University of Chicago Press, 1987. 700 p.

_____. *The Tragic Sense of Life*: Ernst Haeckel and the Struggle over Evolutionary Thought. Chicago: University of Chicago Press, 2008. 551 p.

SANDALL, Roger. Sir Francis Galton and the roots of eugenics. *Society. Spring Science & Business Media*, n. 45, p. 170-176, oct. 2008.

SARMENTO, Manuel. Gerações e alteridade: interrogações a partir da sociologia da infância. In: *Educação e Sociedade*, São Paulo, v. 26, n. 91, p. 361-378, maio/ago. 2005.

SCHWARCZ. Lilia Moritz. *Raça e diversidade*. São Paulo: Edusp, 1996. 187 p.

_____. *O espetáculo das raças*. São Paulo: Companhia das Letras, 1993. 287 p.

SHINN, Terry; RAGOUET, Pascal. *Controvérsias sobre a ciência*: por uma Sociologia transversalista da atividade científica. São Paulo: Editora 34, 2008. 204 p.

SINHA, Chris. Language and Representation: A Socio-naturalistic Approach to Human Development. Hemel Hempstead: Harvester-Wheatsheaf/New York: New York University Press, 1988.

SOUZA, Cynthia Pereira. *Infância, pedagogia e escolarização*: a mensuração da criança transformada em aluno, em Portugal e no Brasil (1880-1960). Lisboa, 2004. (Educa/Cadernos Prestige, 23.)

SPENCER, Herbert. *Principles of Psychologie.* Paris: Felix Acour Editeur, 1903, 5. ed. [1. ed. 1855.]

_____. *Social Statics*: or, The Conditions Essential to Happiness Specified, and the First of them Developed. London: John Chapman, 1851.

_____. *The Principles of Psychology.* 2. ed. London: Williams and Norgate; 1870. v. 1-2.

_____. *Principles de Sociologie.* Trad. M. Cazelles. Paris: Libraire Germer Bailliere, 1878. 1 v. [Ed. original 1876.]

_____. *Principles de Biologie.* Trad. M. Cazelles. Paris: Libraire Germer Bailliere, 1880. [Ed. original 1864.]

STAROBINSKI, Jean. *As máscaras da civilização*. São Paulo: Companhia das Letras, 2001. 305 p.

TAINE, Hyppolyte. Taine on the Acquisition of Language in Children. *Mind*, v. 1, n. 3, p. 252-259, 1876.

TIELDEMANN, Friedrich. Bechachtungen ueber die Entwicklung der Seelen-faehigkeit dei Kinder. In: *Hessische Beytrage zur Gelehrsamkeit und Kunst*, p. 313-333, 1781.

TULVISTE, Peter. The Cultural-Historical Development of Verbal Thinking. Commarck (NY): New Science, 1991.

TYLOR, Eduard. A ciência da cultura. In: CASTRO, Celso. *Evolucionismo cultural*. Rio de Janeiro: Jorge Zahar, 2005.

VALDEMARIN, Vera; SOUZA, Rosa Fátima. *O legado educacional do século XIX*. Araraquara: Unesp, 1998.

VAN DER VEER, René. The concept of culture in Vygotsky's thinking. *Culture & Psychology*, London, n. 3, v. 2, set. 1997.

WELLS, Jonathan. *Icons of Evolution*: Science or Myth? Washington: Regnery Publishing, 2002. 338 p.

WOOLDRIDGE, Adrian. *Measuring the Mind*: Education and Psychology in England, c. 1860-1990. Cambridge: Cambridge University Press, 1994. 448 p.

WOZNIAK, Robert, H. Consciousness, Social Heredity, and Development: the Evolucionary Thought of James Mark Baldwin. *American Psychologist*, v. 64, n. 2, p. 93-101, fev./mar. 2009.

YEO, Richard. Defining Science. In: _____. *William Whewell*: Natural Knowledge and Public Debate in Early Victorian Britain. Cambridge: Cambridge University Press, 1993. 280 p.